KB261895

미래에서 길을
잃지 않는 법

10대를 위한 세상 제대로 알기 ⑥

미래에서 길을 잃지 않는 법

구정은 · 이지선 지음

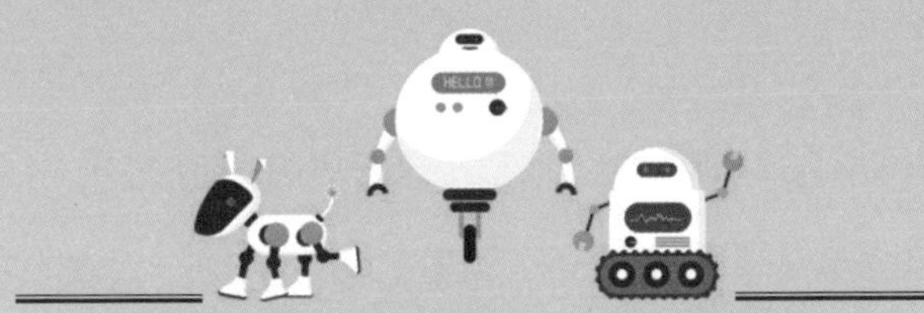

첨단 기술은 우리를 어디로 데려갈까

북카라반
CARAVAN

> 변화의 시대,
> 해답을 모색해
> 나가는 능력

여러분은 '미래'라고 하면 어떤 장면이 가장 먼저 떠오르세요? 하늘을 나는 자동차? 집안일을 도와주는 로봇? 화성에 지어진 도시? 천천히 늙게 해주는 알약? 이렇게 우리가 그려보는 미래의 모습은 많은 경우 과학기술과 떼어놓을 수 없습니다. 그리고 첨단 기술과 인공지능AI이 엄청난 속도로 발전하면서 이런 상상의 일부는 미래가 아니라 이미 현실에 가까이 도래해 있습니다.

저자들은 오랫동안 기자 생활을 하면서 세상의 변화에 주목해 왔습니다. 소셜미디어서비스가 여전히 건재한 가운데, 동영상 플랫폼들이 인기를 끌었습니다. 거리에 전기차가 많아지고 자율주행 기술을 적용한 차량도 늘어나고 있습니다. 우주로 로켓을 띄워 관광이 가능한 시대가 왔고, 식당과 카페에는 서빙을 하는 로봇이 돌아다닙니다.

특히 '챗GPT 이후의 세계'는 변화의 속도가 어느 때보다 빠릅니다. 실제로 주변 사람들과 이야기를 나누다 보면 "인공지능이 없었던 때를 생각하기 어렵다", "큰 도움이 된다"고 말하는 이가 꽤 있습니다. 반면에 이 도구를 어떻게 사용할지 전혀 감을 잡지 못하거나 인공지능의 부정적 효과를 경고하는 이도 많습니다.

당장 교육 현장만 봐도 그렇습니다. AI 교과서 도입을 놓고 찬반양론이 갈렸습니다. 찬성하는 쪽에서는 사용자의 특성을 반영하여 진화하는 AI의 특성상 학생 개인의 수준에 맞춘 교육이 가능하고, 어디서나 공부를 할 수 있으며, 보다 생생한 학습을 할 수 있다는 장점을 강조했어요. 반대로 데이터를 학습하여 진화하는 AI가 편견을 반영하거나 정확하지 않은 정보를 제공할 수 있고, 사용자의 학습 데이터를 통해 정보가 유출되거나 디지털 기기에 과도하게 의존할 수 있다며 반대하는 목소리도 있었습니다.

양측의 견해는 모두 완벽하게 맞거나 혹은 완벽하게 틀리진 않습니다. 서로 귀 기울여 들어볼 만한 주장들이죠. 그러니 어떤 쪽이 맞는 선택인지 헷갈리기만 합니다.

한 가지는 분명합니다. 이 변화를 부인할 수 없다는 것이요. 그렇기에 불안합니다. 이 변화가 우리를 어디로 끌고 갈지 모르기 때문입니다. 과연 나는 이 변화에 올라탈 수 있을까? 살아남을 수 있을까? 당장 뭘 해야 할까? 걱정이 앞섭니다.

저자들은 기술 전문가가 아닙니다. 하지만 지금 우리를 들여다보고 질문을 던지는 일을 할 수 있습니다. 이 책에 담긴 것은 저희가 관찰하고, 함께 생각해 봤으면 좋겠다고 여기는 '질문들'입니다. 어떤 변화가 일어나고 있는지, 왜 우리는 불안한지, 우리는 뭘 생각해봐야 하는지를 같이 고민하고 싶습니다.

책의 각 장에는 다양한 분야에서 기술의 발전 상황을

 미래에서 길을 잃지 않는 법

살펴보고, 기술의 변화가 우리 삶에 어떤 영향을 미치는지를 다뤘습니다. 또 변화가 던지는 시사점과 미래의 우리가 품어야 할 의문을 담았습니다.

모든 게 불확실하고 두렵지만, 미래는 언제나 그랬습니다. 빠른 변화의 시대, 혼란 속에서 해답을 모색해 나가는 능력이 필요합니다. 조금은 덜 불안한 미래를 맞이하려면 현재 상황을 정확히 파악하고 나만의 생각을 버려 나가야 합니다.

때로는 그 과정에서 방향을 잃고 헤매기도 할 겁니다. 그때마다 미래에 가장 곤란해질 가능성이 높은 사람들의 입장을 생각하며 다시 길을 찾는 것이 모두가 안전해지는 길이 아닐까요. 이 책에서 던진 질문들이 미래를 함께 준비해 나가는 데 작은 도움이 되기를 바랍니다.

2025년 7월

구정은·이지선

5장· '좋아요'는 세상을 어떻게 바꾸고 있나

6장· 내 클릭이 그들의 돈이 된다고?

로봇이
내 친구가 되어줄까

"놀이 친구 이상의 역할을 하는, 아이를 위한 동반자를 상상해 보세요. 로봇 목시Moxie를 소개합니다! 평범한 장난감이 아니라 선생님, 친구, 안내자랍니다. 목시는 혁신적인 놀이 기반 학습을 통해 아이가 사회적, 정서적으로, 그리고 인지 면에서도 성장하는 걸 도와줍니다. 아이가 책을 읽는 것을 들어주고, 음향 효과로 이야기에 생동감을 불어넣어 주지요. 목시는 자녀의 생활의 일부가 될 수 있도록 설계돼 있답니다."

미국의 한 전자제품 전문 사이트에 2024년 2월 소개된 기사랍니다.[1] 「2024년 등장한 일곱 가지 최고의 개인용 인공지능Artificial Intelligence, AI 동반자」라는 이 글은 제목에 나와 있듯이 인공지능을 활용한 일곱 '로봇 친구'를 소개하고 있어요. '친구'라고 하니 좀 어색하긴 하군요. 소개된 것들 중에는 친구와 비슷한 역할을 하는 것들도 있고, 친구보다는 반려 동물에 가까워 보이는 것들도 있네요. 조금 더 자세히 들여다볼까요.

맨 먼저 소개한 것은 미국의 목시라는 기업에서 만든, 회사 이름과 똑같은 이름의 로봇입니다. 부모들에게 '자녀의 성장을 도와줄 완벽한 친구'라고 선전하는 내용이 적혀 있네요. "키가 40센티미터에 이르고 무게가 3킬로그램이 넘는 목시는 아이의 작은 친구가 되기에 완벽한 크기랍니다."

친구 되고 반려견 되는 로봇

두 번째로 소개된 에보 에어Ebo Air는 겉보기엔 꼭 우주인들이 쓰는 헬멧처럼 생겼어요. 고화질 카메라에 스피커와 마이크가 달려 있는 전자 장비이고 와이파이로 연결된대요. 이걸 어디에 연결해서 무엇을 하냐고요? 고양이나 강아지를 키우는 집에서는, 식구들이 다 외출한 뒤에 반려동물들이 뭘 하나 많이 궁금해하죠. 에보 에어는 집 안의 반려

동물을 찍어서 밖에 나가 있는 사람에게 보내줘요. 화면을 보면서, 에보 에어의 마이크를 이용해서 개나 고양이에게 말을 할 수도 있다고 하네요.

그 다음으로 소개된 미코MIKO는 인공지능을 이용해서 아이들이 공부할 수 있도록 도와주는 로봇이고요, 네 번째로 이름이 올라간 유니트리Go2는 로봇 강아지예요. "털갈이도 안 하고 먹이를 줄 필요도 없는 로봇 강아지, 실제 애완견의 미묘한 행동을 따라 하는 새로운 가족"이라고 하는군요.

다섯 번째는 삼성에서 만든 인공지능 동반자 로봇 볼리Ballie. 노란 공처럼 생겼는데 바퀴가 달려 있습니다. "굴러 다니는 스마트홈 마에스트로"라고 소개했네요. 무슨 말일까요? 마에스트로는 음악에서 뛰어난 지휘자를 가리킬 때 쓰는 말이죠. 이 로봇은 집 안에 있는 인공지능 가전제품들과 연결돼 집을 관리해준답니다. 외출했다 들어올 때, 도착하기 전에 집안 온도를 올려놓고 음악도 준비해놓고……. 이런 걸 '스마트홈'이라고들 하는데, 그걸 관리해주는 로봇이래요.

그 외에 '생각하고 느끼고 배울 수 있는 능력을 갖춘

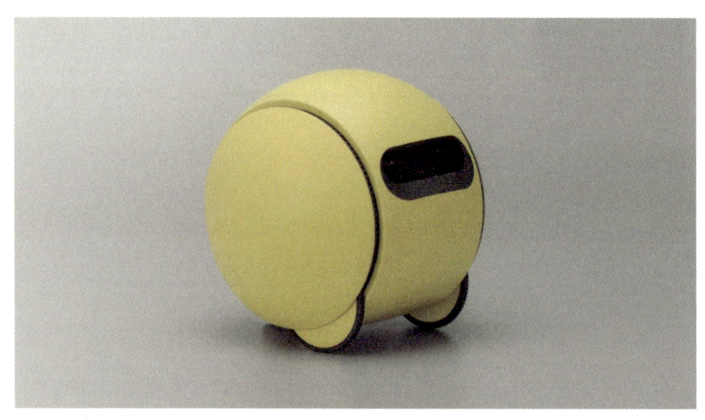

삼성에서 개발한 인공지능 로봇 볼리. 이 로봇은 가전제품들과 연결돼 집을 관리해준다.

로봇 선생님 돌리Doly', '실제 강아지의 친근한 얼굴을 닮은' 중국 샤오미의 로봇 개 사이버도그2CyberDog2가 꼽혔습니다.

자, 이제 다른 소식을 또 들어보지요.

"에든버러로 옮겨온, 세계에서 가장 앞선 휴머노이드 아메카를 만나보세요!"[2]

2024년 4월 영국 BBC 방송 웹사이트에 실린 기사의 첫 구절입니다. '로봇과 인간이 서로를 더 잘 이해할 수 있도록 돕는 프로젝트의 일환으로' 에든버러로 이사 왔다는 아메카Ameca에 대한 소개 기사랍니다.

머리와 몸, 혹은 그 몸에 팔다리와 비슷한 장치가 달려 인간과 비슷한 모습과 행동을 하도록 제작된 로봇을 '휴머노이드humanoid'라고 부릅니다. 영국의 로봇 제작 회사 엔지니어드 아츠Engineered Arts가 만든 아메카는 눈에 카메라가 달렸고 귀에는 마이크가 장착됐어요. 인공지능, AI를 이용해 사람의 말을 알아듣고 대화를 한다고 합니다.

에든버러에 '살게 된' 아메카는 스코틀랜드 곳곳에서 열리는 행사에 참석하고, 학교를 찾아다니며 로봇과 인간이 어떻게 함께 살 수 있는지를 보여줍니다. 보금자리는 에든버러대학교와 헤리엇와트대학교가 함께 세운 국립 로봇 박물관National Robotarium이라고 해요.

미국에서 해마다 열리는 '소비자 가전 전시회Consumer Electronics Show, CES'라는 행사가 있어요. 공장에서 쓰이는 로봇이나 전자 제품이 아니라 주로 보통 사람들이 사서 쓰는 제품이나 기술을 기업들이 선보이는데, 몇 년 전부터는 한국 기업들이 중요한 자리를 차지하고 있습니다.

2022년 그 행사에서 처음 세상에 소개된 아메카는 여러 사람들에게 둘러싸여 있어도, 그중에서 자기와 대화하는 사람의 얼굴을 보고 초점을 맞춰 대답한다고 합니다. 양

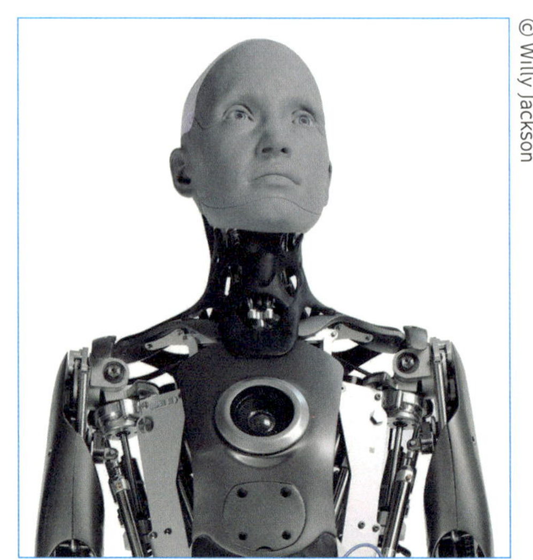

휴머노이드 로봇 아메카는 감정을 표현하고 상대와 눈을 맞춰 대화도 한다.

쪽 귀의 마이크는 어떤 소리가 어느 방향에서 오는지 추적하게 해주거든요. 다만 스피커는 입이 아닌 가슴에 있습니다. 머리 부위에는 이미 모터와 전자장치가 빼곡하게 들어차, 엔지니어들이 스피커를 사람의 입이 있는 위치에 넣을 수가 없었기 때문이래요.

로봇의 미소는 진심일까, 아닐까

아메카가 에든버러에 둥지를 튼 무렵에 미국 컬럼비아대학교의 한 연구팀은 로봇이 인간 작업자와 함께 미소를 짓도록 가르쳤어요. 로봇에 들어 있는 AI가 인간 상대방의 미세한 표정 변화를 분석해, 800밀리초 만에 인간의 미소를 '예측'한대요. 밀리초millisecond는 1000분의 1초를 가리키는 말입니다. 바꿔 설명하면 이 AI 로봇은 인간과 감정을 나누며 함께 웃는다기보다는, 인간이 언제 웃을지를 예측하고 거의 동시에 함께 미소를 지을 수 있다는 뜻이에요.

이 로봇의 이름은 '이모Emo'. 인터넷에서 쓰는 '이모지emoji'라는 말은 '감정'을 가리키는 영어 단어 이모션emotion에서 나왔어요. 로봇 '이모'의 이름도 같은 단어에서 온 거겠죠?

몸통은 없고, 인공지능을 장착한 로봇에 실리콘 피부를 입혀 머리만 만들어놓은 상태이기 때문에 사진을 봐도 정겹지는 않더라고요. 공상과학 영화나 판타지 영화에서 외계인이나 괴물로 분장할 때 배우들한테 부드러운 실리콘으로 만든 가면을 씌우잖아요. 꼭 그것 같아요. 지금은 영화에서도 분장 대신에 인공지능을 이용한 컴퓨터그래픽CG을 많이 쓰지만요.

과학 전문지 『사이언스』는 '이모'의 실리콘 얼굴이 "1960년대 공상과학 소설 속 외계인처럼 생겼다"고 했어요.[3] 하지만 이 로봇은 사람들이 웃으면 함께 웃으면서 공감할 수 있어요. 비록 공감하는 시늉일 뿐이라 해도 말이죠.

인간과 대화하는 휴머노이드 로봇은 이제 더 이상 신기한 존재가 아닙니다. 하지만 로봇의 말투는 어눌하거나 타이밍이 안 맞을 때가 많죠. 챗GPT를 비롯해서 말(글)을 줄줄 유창하게 하는 '언어 알고리즘' 인공지능은 이미 많이 나와 있어요. 하지만 표정을 비롯해 말이 아닌 방식으로 하는 의사소통은 지금까지의 로봇들에게는 대체로 힘든 일이었어요.

그 차이가 바로 '속도'에서 나온다고 과학자들은 설명합니다. 인간은 상대방의 표정을 순식간에 알아채지만, 기계가 그렇게 하는 데에는 미세하게 더 긴 시간이 걸려요. 그것이 로봇을 어눌해 보이게 만든다는 거예요. 800밀리초라는 시간을 가지고 연구팀은 그 차이를 없애려 애썼습니다.

사람들의 표정을 보고 기분을 알아차리고 그에 맞춰 웃고 울고 하는 것이 로봇에게 왜 중요할까요? 로봇이 아니라 사람들끼리의 일이라고 바꿔 생각해보세요. 엄마가 슬퍼 보이면 조심스레 말을 건네고, 친구가 웃고 있으면 좋은 일 있나 싶어 궁금해지고……, 이런 걸 우리는 '공감'이라고 하잖아요. 다른 사람의 기분을 살피고 그에 맞춰 행동하는 것은 사회생활의 기본이죠. 그걸 알게 되는 과정이 바로 우리가 가족, 학교, 일터에서 겪는 '사회화'라는 과정이고요.

로봇은 그 과정을 인공지능 알고리즘을 통해 배워요. 얼굴 표정을 비롯해 '사회 생활하는 기술'을 로봇이 배우게 하는 것은 "로봇이 인간 사회에 합류할 수 있도록 돕는 첫 번째 단계"라고 연구팀은 말합니다.

'이모'는 눈에 달린 카메라로 주변 환경을 보고 눈동자를 움직입니다. 눈도 깜빡인대요. 사람처럼 눈동자가 건조해져서 눈을 깜빡거려야 하는 게 아닌데도 말이죠. '이모'를 만든 사람들은 이 로봇을 훈련시키기 위해, 사람처럼 표정 짓는 법을 가르치기 위해 거울을 보여주면서 미소 짓는 방법을 배우게 했답니다.

그런데 말이죠, 로봇과 사람의 '소통' 혹은 로봇의 '표정'을 얘기할 때 늘 나오는 표현이 있습니다. 바로 '불쾌한 골짜기uncanny valley'라는 거예요. 로봇이 어느 정도 사람을 닮으면 귀엽고 친근하게 느끼지만, 너무 닮으면 오히려 불편하고 기묘하게 느낀다는 것이죠. 사람이 로봇을 보면서 친밀하다고 느끼는 정도를 그래프로 그렸을 때, 사람과 닮으면 닮을수록 친밀한 느낌은 늘어나니까 선 그래프가 쭉쭉 올라갑니다. 그런데 그 선이 확 떨어지는 시점, '너무 닮아서 불쾌하다'고 느끼는 지점이 있어요. 그래프가 갑자기 곤두박질치는, 푹 파인 지점을 가리켜서 '불쾌한 골짜기'라고 불러요.

왜 불쾌해지는지는 분명하지 않습니다. 하지만 여러 가지 추측을 해볼 수 있습니다. 어떤 학자들은 '진화적인 이유'를 들어요. 인간은 위험하거나 병든 존재를 본능적으로 피하려고 해요. 그런데 너무 사람처럼 보이지만 어딘가 부자연스러운 로봇이나 캐릭터를 보면 우리 뇌에서 '이상해, 뭔가 틀렸어!'라는 경고 신호를 보내준다는 거예요.

또 이런 해석도 있습니다. 우리 뇌는 사람과 사람이 아닌 것을 쉽게 구별할 수 있어요. 하지만 인간처럼 보이면서도 완전히 같지 않은 존재를 만나면 '이건 사람일까, 아닐

 미래에서 길을 잃지 않는 법

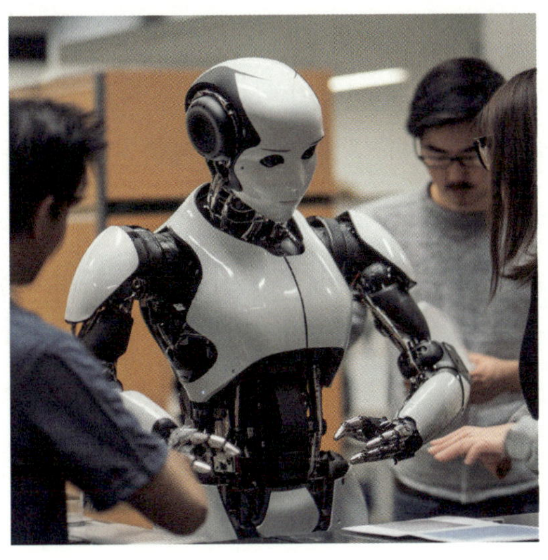

사람들은 로봇이 사람을 어느 정도 닮으면 친밀하다고 느끼지만, 너무 닮으면 불쾌감을 느낀다고 한다.

까?'라고 혼란스러워져서 불편함을 느낄 수 있어요.

앞에서 얘기한 '사회화'와 관련된 이유도 생각해볼 수 있겠네요. 사람의 표정은 왜 생겼을까요? 말이 아닌 방식으로 감정을 표현하는 도구로 진화한 것입니다. 그만큼 표정이나 움직임은 감정을 전달하는 중요한 역할을 합니다. 로봇이나 컴퓨터그래픽 속의 가상 인간이 사람처럼 생겼지만 표정이나 몸짓이 조금만 어색해도 '이건 진짜가 아니야'라는 느낌이 강해져서 거부감이 생길 수 있어요.

저기 있는 것은 사람이 아니라 팔다리가 있는 로봇이구나, 이렇게 모두가 알고 인정할 때라면, 그것이 사람을 흉내 내도 별로 우리의 감정을 위협하지는 않습니다. 그런데 너무 많이 닮았다면 어떨까요? 사실 그렇게 닮았어도, 저 로봇의 말과 표정은 진짜가 아니라는 걸 우리는 알아요. 혹은 진짜가 아니라고 생각해요. 그래서 연구자들은 로봇이나 '컴퓨터 생성 이미지Computer-Generated Imagery, CGI' 캐릭터를 더 자연스럽게 만들려고 노력하고 있어요.

기술이 발전하면서 사람들의 인식도 변하고 있어서, 미래에는 '불쾌한 골짜기'의 경계선이 지금과는 달라질지도 모르죠. '이모'를 만든 연구팀의 관심사 역시, '불쾌한 골짜기'를 극복하고 '이모'의 미소가 사람들에게 진심 어린 미소로 여겨지게 하는 것이랍니다.

사람은 진심이 아닌 미소를 이내 알아차립니다. 로봇의 미소가 사람들에게 '진심'으로 받아들여질 수 있을까요? 어떤 때 우리는 로봇을 인간의 동료로, 완전히 우리와 똑같은 '마음'은 아니더라도 그와 비슷한 무언가를 가지고 있다고 믿게 될까요?

 미래에서 길을 잃지 않는 법

피노키오를 죽이는 것은 범죄일까

로봇과 사람의 '마음'이 통할 수 있을까요? 이런 질문을 받는다면 아마도 많은 이가 곧바로 고개를 저을 것 같습니다. 하지만 잠깐 생각을 해보죠. 우리는 어떻게 다른 사람의 감정을 '판단'하고 거기에 '반응'하며 '소통'하는지 말이에요.

우리는 컴퓨터가 아닌 사람이지만, 우리 역시 데이터를 가지고 상대방의 감정을 추측하고, 그에 맞는 반응을 보여요. 언니 혹은 누나가 집에 들어왔는데, 평소와 다르게 웃지도 않고, 아무 말 없이 방으로 들어가요. "왔어?" 하고 물어도 대답을 안 해요. 심지어 방에 들어가면서 문을 쾅 닫아요. 저녁을 먹으라고 해도 방에서 나오지 않네요. 이럴 때 우리는 '평소', 즉 이전까지 우리가 쌓아온 데이터와 비교해서 전과 다른 행동을 포착해요. 말을 걸어도 대답하지 않는다, 문을 쾅 닫는다, 저녁도 같이 안 먹는다는 것은 화가 나거나 기분이 나쁠 때 사람들이 하는 행동이죠.

언니에 대한 평소의 데이터, 사람들이 대개 기분 나쁠

때 하는 행동에 대한 우리 머릿속 데이터를 동원하고 지금 언니가 보여주는 행동을 비교하고 분석해 우리는 '언니가 지금 기분이 나쁘구나, 가까이 가지 말아야겠다'는 결론을 내립니다. 혹은 '언니가 지금 기분이 나쁘니까 맛있는 거라도 가져다줘야겠다', '언니가 기분이 좀 나아져서 방에서 나오면 왜 그러는지 물어봐야겠다' 이런 식으로 우리의 반응을 결정합니다.

이 모든 과정이 우리 머릿속에서는 순식간에 일어나기 때문에, 우리가 데이터를 분석하고 상대가 하는 행동의 의미를 추측해 반응한다는 생각은 안 들죠. 지금 로봇들은 이 과정을 배우고, 그 속도를 빠르게 하는 법을 익히고 있는 거예요. 로봇이 우리처럼 사람들이 흔히 하는 행동의 의미를 알고 있고, 사람이 하는 행동을 분석해 기분을 추측한다면, 과연 사람들끼리의 소통과는 무엇이 어떻게 다를까요? 전문가들은 "로봇이 반응하는 원리는 인간과는 다르지만, 반응하는 방식은 꽤 비슷해질 것"이라고 말합니다. 그때 우리는 로봇과 교감한다고 느낄까요?

방탄소년단BTS에 이어 세계에서 K팝의 유행을 이끌고 있는 아이돌 그룹 '세븐틴'은 2024년 6월 자체 콘텐츠에서 재미난 토론을 했습니다. '예능'으로 시작했지만 어느 새 진지한 토론장이 돼버린 이 콘텐츠의 주제는 '피노키오를 죽이는 것은 살인인가'였어요.[4]

한쪽에서는 '피노키오는 나무로 만들어진 인형이다, 따라서 살인이 아니라 재물손괴(물건을 부순 것)에 해당한다'고 했습니다. 다른 한쪽에서는 피노키오와 할아버지의 애정과 공감을 강조했습니다. 처음에는 의견이 반반으로 나뉘는가 싶더니, 그들의 토론은 점점 더 공감과 인간적인 관계로 초점이 옮겨 갔어요. 여기서 피노키오를 '로봇'으로 바꿔놓고 얘기해도 비슷한 토론이 될 것 같네요.

로봇을 부수는 것을 살인 비슷한 걸로 볼 수 있을까요? 미리부터 로봇과 우리의 관계를 재단할 필요는 없을 것 같습니다. 로봇과 우리 사이에 '교감'이라고 부르는 것과 비슷한 감정을 느끼거나, 우리가 생명체에게 갖는 연민 혹은 동정심과 비슷한 것을 로봇에게 느낄 수도 있을 듯해요. 우리 '마음에' 중요한 질문은 그것을 진짜 마음이 오가는 것으로 부를 수 있느냐 하는 것이겠지요.

만약 인공지능이 엄청나게 발전해 로봇이 사람의 감정을 거의 비슷하게 흉내 낸다면, 우리는 상대가 로봇인 줄

알면서도 마음을 줄지 몰라요. 실제로 사람들이 그런 감정을 느끼는지 알아보기 위해서 로봇에게 물건을 집어던지고 몽둥이로 때리는 실험을 했습니다. 그 영상에는 '불쌍하다'는 댓글이 엄청 많이 달렸어요. 로봇이 더 사람과 비슷해지면 로봇의 권리, 로봇 학대 문제, 로봇을 파손한 것에 대한 정서적인 책임 같은 문제가 이슈가 되고 재판에 부쳐지는 일들도 생길 것 같습니다.

옵티머스가 빨래를 개켜주네?

옵티머스 프라임Optimus Prime은 미국 영화 〈트랜스포머〉에 등장하는 로봇 군단의 리더죠. 파란색과 빨간색으로 칠해진 거대한 트럭 모양의 옵티머스 프라임이 도로를 질주하면서 '본체'로 변신하는 장면은 언제 봐도 멋집니다. 하지만 현실의 옵티머스는 숙적인 메가트론과 싸우는 로봇 총사령관의 모습과는 사뭇 다릅니다.

일론 머스크Elon Musk가 경영하는 테슬라Tesla가 개발한 휴머노이드 옵티머스 얘기랍니다. 옵티머스는 공장에서 사람을 대신해 작업하는 '노동자'가 될 거라고 합니다. 로봇계의 스타라 하면, 미국의 보스턴 다이내믹스Boston Dynamics라는 회사를 들 수 있죠. 이 회사의 '아틀라스Atlas'와 옵티머스의 대결이 예상되는 가운데, 또 다른 회사도 도전장을 냈습니다. 피규어Figure AI라는 기업이 만드는 로봇입니다.

이쯤 되면 로봇 삼국지, 아니 더 많은 로봇이 도전을 하고 있으니 로봇 대전쟁이 일어나는 게 아닌가 싶습니다. 로봇들끼리 싸우는 전쟁이 아니라, 더 나은 로봇을 내놓기 위한 기업들의 경쟁이지만요.

현대자동차가 2021년 사들인 보스턴 다이내믹스는 1992년 미국 매사추세츠공과대학교MIT에서 시작된 스타트업이에요. 2013년 구글이 인수했다가 2017년 일본의 소프트뱅크로 주인이 바뀌었고, 다시 현대자동차그룹에 9억 2100만 달러에 팔렸습니다. 피규어는 마이크로소프트Microsoft와 엔비디아Nvidia가 돈을 내서 만든 회사예요. 이 회사는 독일 자동차 제조업체 BMW와 협력해서 미국 내에 있는 자동차 공장에 로봇을 배치하기로 결정했습니다. 휴머노이드 경쟁에서 누가 앞서 나가고 있는지 말하기엔 모든 일이 너무 빠르게 돌아갑니다.

전기자동차 회사로 유명한 미국의 테슬라. 창업자인 일론 머스크가 논란을 부르는 행동을 많이 해서 세계의 눈총을 받기도 합니다만, 기술은 뛰어난 걸로 유명하죠. 이 회사도 로봇을 만듭니다. 테슬라는 2022년 9월에 이미 범블비라 불리는 '1세대 옵티머스' 로봇을 내놓았습니다. 역시나 〈트랜스포머〉에 나오는 로봇의 이름을 땄습니다. 2024년에는 회사 안에서 2세대 옵티머스 로봇이 티셔츠를 접는 동영상을 공개했습니다. 티셔츠를 개키는 것은 쉬운 일 같지만 꽤나 정교한 손동작이 필요해요. 로봇이 그걸 합니다.

피규어의 '01' 로봇이나 아틀라스의 섬세한 몸놀림도 뒤지지 않습니다. 물건을 나르면서 인간들의 온갖 방해에도 꿋꿋이 작업을 끝내는 아틀라스의 운동 능력은 너무나 유명하죠. 현대자동차가 보스턴다이내믹스를 인수한 뒤 아틀라스와 동료 로봇들이 춤추는 영상에 한국 밴드 이날치의 노래 〈범 내려온다〉를 입힌 동영상이 화제가 되기도 했습니다.

한국산 휴머노이드도 물론 있습니다. 카이스트가 개

 미래에서 길을 잃지 않는 법

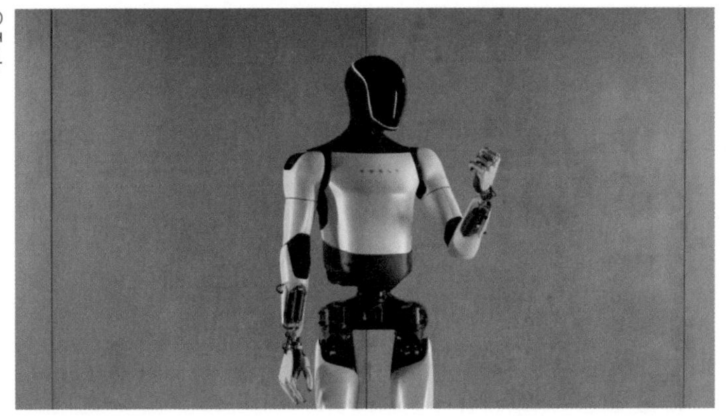

테슬라의 2세대 옵티머스 로봇은 티셔츠를 개키는 등 정교한 손동작을 선
보였다.

발한 '탑승형 두 발 로봇' 메소드2예요. 오래전 만화영화
〈로보트 태권브이〉에는 인간 조종사가 타고 조종을 했는
데, 메소드2도 그런 식이에요. 인간이 올라타고 조종할 수
있기 때문에 '탑승형 로봇'이라 불렸죠. 이 로봇은 카이스트
와 서울대학교 연구진이 함께 개발했는데, 2017년 미국의
상거래 회사 아마존이 주최한 행사에 등장했어요. 그때 아
마존을 설립한 제프 베이조스Jeff Bezos가 직접 탑승해서 로
봇을 조종해 눈길을 끌었답니다.

　　그러나 이 로봇을 개발한 '한국미래기술'이라는 회사

의 소유자가 문제였어요. 여성들을 학대하는 성 착취 동영상들이 퍼지게 하고, 직원을 마구 때려 악명 높았던 사람이었거든요. 메소드2는 그 뒤로 별 소식이 들려오지 않네요. 기술도 중요하지만 그릇된 생각을 가지고 그릇된 행동을 하고 사회에 나쁜 영향을 미치는 사람들이 소유하고 경영하는 회사를 응원해줄 수는 없는 노릇입니다.

한때는 일본, 지금은 중국……
치열한 로봇 경쟁

인간을 닮은 로봇, 휴머노이드. 인간의 상상 속에 이런 기계가 자리 잡은 지는 오래됐어요. 하지만 현대 휴머노이드의 발전을 이끈 것은 사실 일본이었습니다. 40년도 더 지난 1984년 일본 와세다대학교 연구팀은 와봇WABOT-2라는 '음악가 로봇'을 만들어 연주를 시켰어요. 이듬해에는 히타치 사가 WHL-11이라는 로봇을 만들어서 제법 안정되게 걸어가는 모습을 보여줬답니다.

2000년대 초반까지도 '사람 닮은 로봇' 경쟁은 혼다, 소니, 후지쯔 같은 일본 기업들과 와세다대학교, 도쿄대학교 등 일본 과학자들이 주름잡는 영역이었습니다. 특히 2000년 혼다가 내놓은 아시모ASIMO는 귀여운 외모와 첨단 기술로 엄청난 화제를 불러일으켰어요. 2005년에는 어르신들과 장애인들이 움직이는 걸 도와주는 미쓰비시의 와카마루Wakamaru가 나왔습니다.

지금 일본을 대표하는 휴머노이드가 있다면 소프트뱅크 로보틱스Softbank Robotics라는 회사가 만든 페퍼Pepper예요. 또 자동차 회사인 토요타도 움직이기 힘든 이들을 도와서 물건을 가져오거나 문을 열고 가전제품을 작동할 수 있는 로봇을 개발해왔지요. 독자적인 일을 한다기보다 사람들의 움직임을 돕는 이런 도우미 로봇들은 '휴먼서포트로봇HSR'이라고들 해요. 말 그대로 인간(휴먼)을 지원해주는(서포트) 로봇이란 뜻이죠. 그러나 일본의 로봇기술은 미국과 독일, 뒤이어 중국의 거센 추격에 주춤하는 추세랍니다.

싱가포르의 난양공과대학교에서는 2014년 여성의 모습을 한 나딘Nadine이라는 로봇이 나왔어요. 홍콩에 본사를 둔 미국 기업 핸슨 로보틱스Hanson Robotics는 영화배우 오드리 헵번을 닮았다는 로봇 소피아Sophia를 내놓더니, 코로나19 팬데믹이 퍼지자 도우미 로봇 그레이스Grace를 선보였어요. 2021년 등장한 그레이스는 노인들이 병에 걸리거나 거동하기 힘들 때 말동무가 되고, 생활을 돕는 로봇이에요. 인공지능 학습을 통해 영어와 중국어를 배웠대요.

전혀 다른 분야에서 활약할 것으로 기대되는 로봇도 있어요. 미국 항공우주국National Aeronautics and Space Administration, NASA이 만드는 발키리Valkyrie가 그중 하나예요. 발키리는 우주 탐사용 로봇으로 달과 화성에 갈 준비를 하고 있습니다.

지금까지 로봇 중에서도 몸통에 팔이 달린, 그리고 바퀴나 다리가 있어서 움직이며 다닐 수 있는 휴머노이드를 주로 소개했는데요, 왜 휴머노이드를 이렇게들 많이 만드는 걸까요? 무엇보다 인간과 비슷한 신체 구조를 만드는 게 쓰임새가 많기 때문이에요.

집, 공장, 사무실, 학교, 병원, 혹은 길거리까지, 우리가 살아가는 환경은 인간의 몸에 맞춰져 있습니다. 책상도 싱크대도 작업대도 모두 사람이 서서 일할 수 있는 높이에 맞

미국 항공우주국이 만든 우주 탐사용 로봇 발키리.

취져 있잖아요. 사람이 하는 일을 대신할 수 있게, 혹은 위험한 일이나 힘든 일을 더 잘할 수 있게 하려고 로봇을 만드는 거니까요. 그런데 우리 주변 환경을 몽땅 로봇에 맞춰서 다시 만들 수는 없으니까, 이미 우리가 갖고 있는 작업 환경에서 일할 수 있도록 사람을 흉내 내는 로봇을 고안하는 거죠.

어느 분야나 그렇듯 로봇기술에서도 세계의 시선은

중국으로 쏠려 있습니다. 2021년 기준으로 중국은 공장에서 로봇을 사용하는 비율이 미국의 열두 배였던 것으로 추정돼요. 여기에는 정부 정책도 한몫한 것으로 보입니다. 중국 정부가 산업 현장에 로봇을 도입하는 기업들에 돈을 많이 지원해주거든요. 2022년이 되자 세계에서 설치된 산업용 로봇의 절반 이상이 중국에 있을 정도가 됐습니다.[5]

한국도 로봇을 많이 쓰기로는 어느 나라에도 뒤지지 않습니다. 여기서 말하는 로봇은 휴머노이드가 아니라 자동으로 움직이는 기계, 즉 모든 종류의 로봇을 뜻해요. 다른 나라들과 한번 비교해볼까요. 국제로봇연맹 통계를 보면 제조업에서 일하는 인간 노동자 수와 비교해 로봇 숫자가 가장 많은 나라는 한국이고 싱가포르가 2위, 뒤이어 일본과 독일 순입니다. 하지만 최근 중국이 로봇을 워낙 많이 쓰니까 외국 로봇 업체들도 중국에 줄줄이 공장을 짓고 있대요. ABB라는 스위스 회사와 일본 기업인 화낙이 상하이에 로봇 생산 공장을 지었는데, 이것이 세계 최대 규모라고 합니다.

요새는 외국 기술을 받아들일 뿐 아니라 중국 자체 기술도 하루가 다르게 발전하고 있어요. 스타트업도 정말 많이 생겨나고 있대요. 긱플러스, 하이크비전 같은 회사들이 대표적이고, 블루소드라는 회사는 중국 군대에서 쓸 군용 로봇을 만든다고 하네요. 심지어 중국 정부는 '로봇 1억 대 프로그램'이라는 이름으로 기업들이 로봇을 공장에 들여놓도록 밀어주기도 했답니다.

그럼에도 아직 중국은 선두 주자가 아니에요. 스타트업이 아무리 많고 공장에서 일하는 로봇이 빠르게 늘고 있다고는 해도, 여전히 대부분의 로봇을 외국에서 수입하거든요. 특히 로봇의 핵심인 소프트웨어 분야에서 뒤처졌다는 지적을 받습니다. 로봇이라는 껍데기가 중요한 게 아니라 로봇의 뇌에 해당하는 소프트웨어가 더 중요하잖아요.

반면 중국이 가진 강점도 있어요. 일단은 중국산 로봇들의 가격이 싸다는 것, 그리고 중국의 기술 발전이 너무너무 빠르다는 것. 어떤 이들은, 정부가 로봇공학에 관심이 없었고 기업들에만 맡겨놨던 미국과 달리 중국은 로봇을 개발하고 만들고 쓰는 과정 전체에서 세계 시장을 주도하기 위해 정부가 의도적으로 정책을 추진해왔다는 점을 높이 평가하기도 합니다.

휴머노이드와의 경쟁에서 살아남는 법

1930년에 경제학자 존 메이너드 케인스는 '기술 실업technological unemployment'이라는 말을 만들었어요. 그는 새로운 기술이 발전하면서 인간의 노동력이 필요 없어질 수도 있다고 걱정했죠. 실제로 새로운 산업이 생기면서 일자리가 만들어지기도 하지만, 반대로 오래된 산업에서는 일자리가 줄어드는 경우가 많아요.

그런데 앞에서 소개한 피규어 AI라는 회사의 최고경영자인 브렛 애드콕은 "인간의 노동력이 부족하다"고 말합니다. 많은 사람들이 로봇이나 인공지능 때문에 일자리가 줄어들 거라고 걱정하는데, 그는 오히려 일할 사람이 부족하다고 이야기하는 거죠. 그는 대형 창고, 공장, 소매 업체 등에서 "로봇이 사람을 대신할 수 있다"는 생각이 잘못됐다고 말했어요. 사람 대신 로봇을 쓰는 것이 아니라, 사람 자체가 부족해서 로봇을 도입해야 한다는 거예요.

한국에서도 젊은이들은 일자리를 찾느라 애쓰는데, 기업이나 상점이나 식당을 경영하는 사람들은 "일할 사람

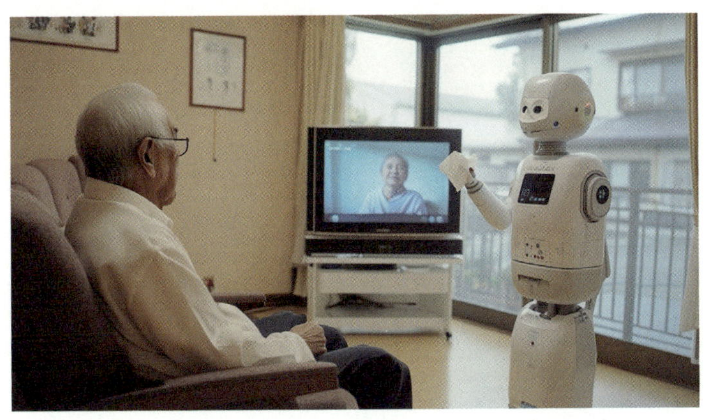

로봇은 사람의 일자리를 뺏기도 하지만, 일손이 부족한 저임금 일자리를 대신하기도 한다.

이 없다", "일할 사람을 못 구한다"는 말을 흔히들 해요. 이제 막 취업하려는 젊은이들이 원하는 일자리와 실제로 일손이 필요한 일자리가 잘 맞아떨어지지 않는 거예요. 일할 사람을 구하기 힘들다고 하는 일들은 대개 힘들고 위험하거나, 급여가 너무 적거나, 혹은 사람들이 선호하는 대도시가 아닌 지역에 있는 일들이죠.

경제적으로 발전한 나라일수록, 사람들이 기대하는 소득 수준이 높을수록 이런 문제를 더 많이 겪습니다. 그런데 이런 나라들에서 '사람이 부족하다'는 일자리들은 누가

맡고 있을까요?

사실 오늘날 세계에서 그런 일을 하는 것은 로봇보다는 이주노동자가 더 많을 거예요. 특히 서비스업 같은 쪽에서는 말이죠. 세계 곳곳에서 이주노동자들은 현지 사람들이 하기 싫어하는 저임금 서비스업이나 제조업 일을 대신해왔습니다. 브렛 애드콕은 "사람이 부족해서 로봇을 만든다"고 하지만, 첨단 로봇기술은 아마도 이주노동자들, 학력이 높지 않은 사람들, 적은 월급을 받고 힘든 일을 해온 사람들을 맨 먼저 밀어낼 거예요.

로봇이나 인공지능이 점점 발전하면서, 그 경쟁에서 밀려날 가능성이 있는 사람들에 대해 생각해볼 필요가 있습니다. 새롭게 노동시장에 들어오는 사람들은 로봇과 경쟁할 수 있을 정도로 빠르게 기술을 배우고, 새로운 지식을 익혀야 해요. 이건 결국 교육의 문제죠. 그리고 이미 노동시장에 들어와 있는 사람들도 기술 변화에 뒤처지지 않으려면 재교육이 필요해요.

스웨덴을 비롯한 몇몇 나라들은 '노동의 유연화'와 '일자리 만들기'를 연결하는 방법을 고민하고 있어요. 노동의 유연화는 일자리를 더 쉽게 만들고, 사람들이 다양한 직종

 미래에서 길을 잃지 않는 법

으로 이동할 수 있도록 하는 걸 말합니다. 어찌 보면 일자리를 옮기기 쉽지만, 또 달리 보면 기업들이 노동자들을 쉽게 해고할 수 있다는 얘기도 돼요. 로봇을 고용하면서 아무렇지도 않게 사람들을 내쫓아도 되는 세상을 바라는 사람은 아마 없을 거예요.

결국 일부 사람들은 밀려날 수밖에 없다면, 직장을 잃은 사람들이 다른 직장이나 직업으로 옮겨갈 수 있도록 도와야겠죠. 그래서 스웨덴은 기술 훈련job training과 일자리 연결job matching에 국가적 지원을 늘리고 있어요. 기술 훈련은 새로운 기술을 익혀서 더 경쟁력 있는 직업을 가질 수 있도록 돕는 교육 과정이랍니다.

예를 들어, 공장에서 일하던 사람이 로봇과 함께 일하는 방법을 배우거나, 프로그래밍 기술을 익혀 정보기술IT 직종으로 이동할 수 있게 돕는 식인 거죠. 일자리 연결은 말 그대로 구직자와 기업을 연결해주는 걸 가리킵니다. 정부나 기관이 적절한 직업을 추천하거나, 재교육을 마친 사람들이 적합한 일자리를 찾도록 돕는 거예요.

하지만 이런 노력에도 불구하고 결국 노동시장에서 완전히 배제될 수밖에 없는 사람들도 생길 겁니다. 일자리를 잃거나 경제적으로 어려운 상황에 처한 사람들에게는 최소한의 생활을 유지할 수 있도록 실업급여, 복지 혜택 등을 지원해야 합니다. 이를 '사회 안전망'이라고 불러요. 추락하는 사람을 받아주는 안전망처럼, 사회가 사람들을 받쳐주는 거예요.

기술 발전을 긍정적으로 보는 사람들은 흔히 "자동차가 나오면서 마차가 사라졌지만, 그보다 더 많은 일자리가 생겨났다"는 이야기를 해요. 이건 사실이에요. 하지만 마부들이 모두 자동차 공장에서 일자리를 찾을 수 있었던 건 아니었어요. 자동차 산업이 발전하면서 새로운 일자리가 생긴 것도 중요하지만, 일자리를 잃은 사람들에게도 생계를 위한 해결책을 마련하는 것이 필요해요. 그래서 사회 안전망, 즉 복지가 필요합니다.

좋은 자동화, 나쁜 자동화

경제학자 대런 아세모글루와 사이먼 존슨은 '자동화'를 좋은 자동화와 나쁜 자동화로 나눠서 생각합니다. 예전에 자동차 산업이 자동화될 때는 자동차와 관련된 여러 산업이 새롭게 생겼어요. 그 덕분에 공장에서 일하던 사람들이 육체노동에서 벗어나 사무직 같은 다른 직업으로 이동할 수 있었고, 전체적으로 생산성이 높아졌어요.

인간을 돕는 로봇들이 늘어나면, 남아 있는 노동자들의 생산성이 더 높아져야 해요. 하지만 인간 노동자들을 밀어내고 로봇으로 채웠는데 생산성은 별로 안 높아질 수도 있어요. 기업이 직원들에게 들어가는 돈을 줄일 목적으로 직원을 해고하고 업무를 자동화하는 게 그런 경우죠. 그렇다면 대체 누구를 위한 자동화일까요?

아세모글루와 존슨은 지금 논의되는 로봇과 인공지능 기술은 사람들의 생산성을 높이거나 새로운 일자리를 창출하지 못하고 있어서, 진짜 혁신이 아니며 인류에게 도움이 되지 않는다고 말해요. 그들은 이런 자동화를 '그저 그런 자동화'라고 부릅니다.

우리 주변의 예를 들어볼게요. 요즘 식당마다 경쟁적으로 키오스크(무인 주문 기계)를 들여놓고 있는데, 키오스크가 생기면서 직원 수가 줄어든 건 사실이에요. 하지만 키오스크가 음식 맛이나 서비스의 질을 크게 높였다고 보기는 어렵고, 오히려 불편함을 느끼는 손님도 많아요. 직원을 두기 어려운 작은 매장이라면 키오스크가 크게 도움이 될 겁니다. 하지만 이런 자동화는 직원의 삶이나 소비자의 경험을 더 좋게 만들지는 못하죠. 우리 대부분은 사장님이 아니라 일하는 사람, 혹은 물건이나 서비스를 이용하는 소비자로 살아가는 데 말이죠.

아세모글루와 존슨은 특히 미국의 기술 산업을 지적하면서, 소수 엘리트에게만 큰 보상을 몰아주는 구조라고 지적해요. 그리고 이런 흐름을 정당화하기 위해 기술이 무조건 좋은 것처럼 포장한다고 말해요.

하지만 이런 자동화가 사람들의 삶을 실제로 더 나아지게 만들지 못하고 있다면, 굳이 이런 방향으로 발전할 필요가 없으며, 사람들이 직접 나서서 변화를 만들어야 한다고 저자들은 주장해요. 그들의 의견이 단순한 비판이 아니라는 점은 2024년 스웨덴 왕립아카데미가 두 사람에게 노벨 경제학상을 수여했다는 사실에서도 알 수 있어요.

"로봇은 인간 노동자보다 한 가지 불공평한 이점을 가지고 있다. 그들은 소득세를 내지 않는다."

빌 게이츠가 한 말이랍니다. 게이츠는 마이크로소프트의 공동 설립자로 21세기 기술 발전과 노동 변화에 큰 영향을 미친 인물이죠. 그리고 세계에서 손꼽히는 부자이기도 합니다. 하지만 게이츠는 극소수가 부를 독차지하는 것, 부모 잘 만난 덕에 일도 하지 않고 재산을 물려받는 것, 노동이 아니라 돈이 돈을 낳는 금융 시스템에 줄곧 반대 목소리를 내면서 부자들 세금을 늘리고 상속세도 높여야 한다고 주장해왔습니다.

그의 말을 달리 표현하면, 기술은 꼭 필요하지만 로봇 때문에 일자리를 잃을 사람들을 돕기 위해 세금을 이용하자는 거예요. 인간 노동자는 월급을 받으면 소득세를 내지만, 로봇은 세금을 내지 않아요. 로봇이 많아지고 인간 노동자가 줄어들면 정부 재정이 부족해지고, 저소득층 사람들은 더 힘들어질 가능성이 커집니다.

그래서 게이츠는 "공장에서 5만 달러를 받고 일하는

사람이 소득세를 낸다면, 같은 일을 하는 로봇도 세금을 내
야 한다"고 주장해요. 물론 그 로봇을 고용한 기업에 과세
를 하자는 뜻입니다.

　게이츠의 아이디어는 중요한 의미를 가지고 있어요.
로봇에게 세금을 걷으면 그 돈으로 사회 안전망을 강화할
수 있습니다. 하지만 기업들이 이를 받아들이게 만들려면,
사회의 동의가 필요해요. 시민들이 이런 요구를 해야 하는
데, 기업이나 부자들 입장에서 정책을 내놓고 또 그런 정책
을 지지하는 사회 분위기에서라면 좀 힘들 겁니다. 그래서
'사람 살 만한 사회'를 만들기 위해 더더욱 고민해야 하는
것이고요.

'다리만 로봇'인 달리기 선수가 있다면?

'로봇과 인간이 함께 살아갈 것이냐, 로봇 대 인간의 싸움이 벌어질 것이냐.' 이렇게 생각하기 쉽지만, 사실 둘 중 하나를 택하는 문제가 아니라 '둘이 서로 합쳐지고 보완하는' 쪽으로 갈 거예요. 여기서 '합쳐진다'는 게, 비유적인 표현이 아니라 진짜로 몸이 합쳐지는 거라면 어떨까요?

지금도 의족과 의수, 인공 신장과 인공 달팽이관 등 사람 몸의 일부를 인공적으로 제작된 것들로 대신하는 일은 드물지 않습니다. 질병이나 사고로 몸의 기능이 떨어졌을 때 도와주는 보조 장치들이죠. 그런데 어쩔 수 없이 몸에 인공 장비를 다는 게 아니라, 몸의 기능을 더 높이기 위해서 그런 장비를 단다면 어떨까요? 예를 들면 이런 거예요. 로봇 팔을 달면, 팔이 아플 일도 없고 지치지도 않으니 다른 사람들보다 팔을 쓰는 노동을 더 오래, 더 잘할 수 있게 되겠죠. 상상하는 김에 조금 더 해봐요. 누구는 돈이 많아서 로봇 팔을 달았는데 나는 돈이 없어서 힘들게 일해야 한다면 어떨까요?

물론 그런 상황과는 다르지만, 미래를 엿보게 해주는 논쟁이 벌어진 적 있어요. 오스카 피스토리우스Oscar Pistorius라는 남성은 남아프리카공화국의 단거리 달리기 선수였습니다. 양쪽 다리의 무릎 아래를 사고로 잃어서 의족을 달고 뛰던 선수였죠. 그는 2004, 2008, 2012년 패럴림픽에서 100미터, 200미터, 400미터 종목에 출전해 메달을 땄습니다. 이때만 해도 그는 '인간 승리'의 주인공으로 찬사를 받았습니다.

그런데 2011년 대구에서 열린 세계육상선수권대회와 2012년 런던 올림픽에 피스토리우스가 출전하자, 동료 선수들 사이에서 '지치지 않고 아프지도 않은 인공 다리를 달고 뛰는 사람과의 시합이 공정한 경쟁인가' 하는 문제가 제기되었어요. 피스토리우스는 대구에서 은메달을 땄고, 이듬해 올림픽에서는 메달권에 들지 못했습니다. 그 후로 논쟁은 유야무야됐지만 로봇과 사람이 결합한다면 언제든 비슷한 질문이 되풀이될 것 같습니다.

기계가 전쟁을 한다면?
우리에게 다가온 미래 이야기

화창한 2024년 4월의 어느 화요일, 우크라이나의 수도 키이우 근처 군사 시험장 밖에는 특별한 손님들이 줄지어 있었어요. 이들은 미래의 전쟁 모습을 직접 보고 싶어 하는 사람들이었죠. 하늘에서는 작은 벌레들 위로 군용 드론들이 윙윙 소리를 내며 날아다녔습니다.

러시아의 침공으로 전쟁터가 된 들판에는 최신 기술을 선보이려는 엔지니어들과 군인들이 가득했어요. 그중에는 '스워머Swarmer'라는 우크라이나 스타트업도 있었어요. 이 회사는 인공지능을 이용해 여러 대가 함께 움직이는 드론을 선보였어요. 버튼 세 개만 누르니 정찰 드론 세 대와 폭격기 두 대가 떠올라 목표물을 공격합니다. 이 '작전'은 20분밖에 걸리지 않았답니다.

정치 전문 매체인 『폴리티코』 유럽판의 보도 내용이에

요. 러시아와의 전쟁이 길어지면서 우크라이나는 군용 드론을 포함한 최첨단 전쟁 기술의 시험장이 되었어요. 스위머의 창업자는 "숙련된 드론 조종사 한 명이 동시에 수십 대의 드론을 효과적으로 움직일 수 있다"며, "우리의 목표는 군대를 도울 '터미네이터'의 적절한 버전을 만드는 것"이라고 말했어요.

2022년 2월 러시아 탱크가 국경을 넘어온 순간부터 우크라이나는 기술을 활용해 반격하는 데 집중했어요. 인구나 병력, 무기 보유량 면에서 우크라이나가 러시아에 비해 약하기 때문에, 서방의 도움을 받더라도 러시아를 혼자서 상대하기는 어려웠기 때문입니다. 그래서 기술에 의존하는 전략을 택한 것은 어찌 보면 당연한 일이에요. 소셜 미디어 '텔레그램'에는 폭발물을 실은 우크라이나 드론이 러시아군 탱크를 공격하는 영상들이 넘쳐난다고 해요. 물론 러시아도 가만히 있지 않고, 자체 생산 드론뿐만 아니라 중국산, 이란산 드론을 동원해 맞서고 있어요.

 미래에서 길을 잃지 않는 법

가자 지구, '이스라엘 로봇 시험장'이 되다

이스라엘군은 2023년 10월부터 팔레스타인 가자 지구에서 무장 조직 하마스와 전쟁을 하면서 로봇 개 '비전 60', 지상을 돌아다니는 공격 로봇 '루스터', 원격 조정 불도저 같은 것들을 동원하고 있어요. 이스라엘군이 로봇과 무인 차량을 이용해 팔레스타인을 공격한 것이 처음은 아닙니다. 하지만 이 전쟁 이후 가자 지구는 말 그대로 이스라엘 로봇 무기들의 시험장이 되어 버렸습니다.

가자지구뿐만 아니라 팔레스타인의 중심 지역인 요르단강 서안 지구를 감시하기 위해 감시탑을 세우고 로봇 무기를 배치했죠. 이 무기들은 최루탄과 플라스틱 총알로 팔레스타인 주민들을 공격할 수 있어요. 당연히 많은 비판이 쏟아졌고, 인권 단체들은 이스라엘의 무력 사용이 '자동화'될 수 있다고 우려했어요. 전쟁에 들어가는 인력이 줄어드는 대신 로봇을 활용하면 폭력이 더 늘어날 것이고, 팔레스타인 땅을 더 많이 점령하려는 방향으로 갈 수 있다는 거죠.

이스라엘이 가자 지구를 공격하고 있던 2023년 12월, 유엔 총회에서는 152개국이 '자율 살상 무기 시스템의 위험성에 관한 결의안'에 찬성했어요. 하지만 유엔 결의안을 무시해온 이스라엘이 이런 비판에 귀를 기울일 리는 없습니다.

'자율 살상 무기Lethal Autonomous Weapons, LAWS'는 어느새 현실이 되었어요. 미국 국방부는 2012년 자율 무기 시스템을 "일단 작동되면 인간 조종자 없이도 목표물을 선택하고 공격할 수 있는 무기 시스템"으로 정의했어요. 10여 년이 지났지만 아직 국제 사회에서 이런 무기의 '자율성'에 대한 명확한 기준은 없습니다. 이런 상황에서 인공지능 기술이 세계를 강타했고, 이 충격을 소화할 틈도 없이 우리 삶의 모든 부분으로 스며들고 있죠.

지뢰부터 '유령 함대'까지, 늘어나는 로봇 무기들

'사람이 직접 조종하지 않아도 스스로 작동하는 무기'의 역사는 생각보다 훨씬 오래되었어요. 예를 들어, 지뢰는 이미 17세기부터 사용하기 시작했습니다. 현대적인 자율 무기로는 1970년대부터 사용한 선박 방어용 레이더 시스

 미래에서 길을 잃지 않는 법

템 같은 것들을 들 수 있어요. 미국의 '팰렁스 씨위즈Phalanx CIWS' 같은 자동화 시스템은 인간 조종자가 기준을 설정해 두면, 배에 접근하는 미사일이나 로켓, 항공기, 다른 함정들을 스스로 식별해서 반격해요. 러시아, 이스라엘, 독일 등은 탱크에도 비슷한 시스템을 장착하고 있어요.

방어용이 아닌 '공격용' 자율 무기는 어떨까요? 이스라엘은 2017년에 파리만 한 작은 로봇을 포함한 군용 로봇을 개발하고 있다고 밝혔습니다. 영국 육군은 2019년에 새로운 무인 차량과 군용 로봇을 배치했어요. 아직 '개발 중'이지만 미군의 '유령 함대Ghost Fleet Overload'도 눈길을 끕니다. 미 국방부와 해군이 함께 개발 중인 이 함대는 함정 네 척으로 이루어져 있어요. 승무원 여섯 명이 타지만, 대부분의 기능은 자동으로 작동하고 승무원들은 필요할 때만 직접 함대를 운항한다고 해요.

스스로 생각하고 결정해서 인간을 공격하는 '터미네이터' 로봇은 공상과학 영화의 오랜 단골 주제죠. 미국 작가 아이작 아시모프는 이미 1942년 소설에서 터미네이터의 등장을 막기 위해 인간과 로봇이 지켜야 할 원칙, 즉 인간이 로봇을 이용하면서 설정해두어야 할 원칙을 제시했어요.

바로 '아시모프의 로봇 3원칙'입니다.

1. 로봇은 인간을 다치게 해서는 안 되며, 인간이 해를 입는 것을 방관해서도 안 된다.
2. 첫 번째 원칙에 어긋나지 않는 한, 로봇은 인간의 명령에 복종해야 한다.
3. 첫 번째와 두 번째 원칙에 어긋나지 않는 한, 로봇은 스스로를 보호해야 한다.

첨단 무기 경쟁은 보통 일반인의 시선 밖에서 이루어지고, 국가 기관의 관리 감독이나 법적인 규제가 따라가기 어려울 정도로 빠르게 진행될 때가 많아요. 무인 탱크든, 유령 함대든, 드론이든, 현재까지 국제 사회가 자율 무기와 관련해 명확히 합의한 내용은 별로 없어요. 다만, 감시 단체나 전문가들 사이에서 '자율 무기가 스스로 결정해서 공격해서는 안 된다'는 정도는 암묵적으로 동의가 이루어진다고 볼 수 있어요. 최소한 공격을 결정하는 것만큼은 인간의 역할로 남아 있어야 한다는 거죠.

하지만 AI가 인간을 흉내 내 스스로 결정을 내릴 수 있

 미래에서 길을 잃지 않는 법

게 된다고 생각해 봅시다. 그때도 AI가 장착된 자율 무기들이 그 원칙을 지킬까요? 인간들이 힘을 합쳐 로봇이 그런 행동을 하지 못하도록 막을 수 있을까요? 혹시 누군가는 자신의 이익을 위해 동료 인간들을 배신하고 그런 무기를 만들어서 쓰지 않을까요?

사실 비슷한 사례가 이미 있었어요. 2020년 3월, 북아프리카 리비아에서 벌어진 작전 중 튀르키예가 만든 무인 전투용 드론이 인간 조종자와 연결 없이도 스스로 목표물을 추적하고 공격한 사례가 있었다고 유엔 안전보장이사회 전문가 위원회가 보고했어요. 이 사건은 자율 무기가 스스로 추적하여 인간을 공격한 첫 사례로 기록되었어요. 2021년 5월에는 이스라엘도 가자 지구에서 AI가 움직이는 전투용 드론 공격을 실시하기도 했고요.

킬러 로봇과 AI가 만날 때

군대와 정보기관 등 '안보 분야'에서는 자율 무기를 옹호하는 사람들이 많아요. 사람을 쓸 때보다 효율적이고 돈도 적게 드니까요. 더 나아가 자율 무기가 더 '윤리적'이라고 주장하는 이들도 있어요. 전쟁에 내보내는 사람 수가 줄어들면 사상자가 줄어든다는 논리죠.

미 국방부 보고서는 자율 무기 시스템을 추진해야 하는 또 다른 이유로 '지루하거나 더럽거나 위험한' 임무를 로봇에 맡길 수 있다는 점을 들고 있어요. 예를 들면 오랫동안 출격해야 하는 임무, 방사성 물질에 노출될 수 있는 임무, 폭발물 처리 같은 것들입니다.

어떤 사람들은 공포나 히스테리 같은 감정에 휘둘리지 않는 로봇이 훨씬 합리적으로 행동하면서 불필요한 피해를 줄일 것이라고 주장해요. 인간과 로봇 병사가 함께 일하면, 인간의 불법적이거나 부당한 행동을 로봇들이 프로그램된 대로 투명하게 보고할 것이기에 전쟁 범죄를 막을 수 있다고 말하는 이들도 있어요.

반대로 도덕적인 이유를 내세워 자율 무기 시스템을 비판하는 사람들도 많습니다. 누구에게 총을 쏠지, 언제 쏠지를 인간이 아닌 무기 시스템 자체가 결정하면 전쟁의 모습은 근본적으로 바뀔 거예요.

2015년 4월, 90개국 이상의 외교관과 군사 전문가들

 미래에서 길을 잃지 않는 법

이 스위스 제네바에 모여 자율 무기 시스템에 대해 논의했어요. 세 달 뒤인 7월 28일에는 1000명이 넘는 AI 전문가, 로봇 공학자 등이 "인간의 통제를 벗어난 공격용 자율 무기 금지"를 촉구하는 공개서한을 발표했어요. 이 서한은 AI 무기 개발이 새로운 군비 경쟁을 불러올 수 있다는 점과 자율 무기가 독재 정권이나 불법 무장 단체의 손에 들어갈 수 있다는 점을 지적했어요.

"우리 군인들이 죽을 수 있다"는 것은, 국가가 전쟁을 시작하는 걸 막아주는 가장 기본적인 안전장치예요. 이것이 사라진 뒤에 과연 한 국가의 안보는 더 나아질까요, 아니면 더 불안정해질까요? 민주 국가에서는 시민들이 '우리 국민의 생명'을 중요하게 생각하지 않는 정부에 책임을 묻습니다. 그런 과정이 사라진 뒤에도 전쟁이나 무력행사에 대한 국가의 결정이 유권자들의 통제 아래 있다고 말할 수 있을까요?

킬러 로봇은 감정에 휘둘리지 않기 때문에 무차별 살상을 하지 않는다고 주장하는 사람들도 있지만, 그들에게는 동정심도 존재하지 않아요. 문화와 역사 또한 고려하지 않고요. 이런 '시스템'들에게 인간의 삶과 죽음에 관한 결정을 어느 정도까지 맡길 것인가 하는 문제가 생깁니다. 또한 킬러 로봇은 사람을 '실수로' 죽인다 해도 그에 대한 법적, 도의적 책임을 지지 않아요.

그렇다면 어떤 규제가 가능할까요? AI 학자들과 몇몇 국가들은 자율 무기와 관련된 기술 개발에 제한을 두자고 제안합니다. 즉 미래의 기술 개발이 넘어서서는 안 될 '금지선'을 미리 정해두자는 주장이에요.

반면에 일단은 모든 걸 열어두고 나중에 문제가 생기면 그에 맞춰 규제를 추가하는 것이 현실적이라고 주장하는 이들도 있어요. 아직 어떤 기술이 개발될지, 어디에서 어떤 문제가 생길지 모르기 때문에 미리 규제하는 것은 효과가 없을 것이라고 보는 거죠. 사람들의 생각이나 사회 규범도 자율 무기의 발전과 함께 달라질 것이기 때문에, 그에 맞춰 윤리 기준도 정비되고 발전해 나갈 것이라고 이들은 말합니다.

이런 시각에는 인간의 양심이나 도덕적인 판단도 '기술과 함께' 변할 것이며, 로봇이 스스로 결정해 인간을 죽이는 상황에 대한 지금의 거부감도 시간이 지나면 사라질 수 있다는 생각이 깔려 있어요. 여러분은 어떻게 생각하나요?

2

사람 없는 자동차와
같이 다니려면

중국의 대도시에 사는 부부 위와 왕은 각각 다른 방법으로 출근합니다. 위는 공유 자전거를 타고 직장 근처까지 가서 걸어가고, 왕은 지하철을 탄 뒤 공유 자전거를 이용합니다. 늦잠을 잔 날에는 무인 버스(로보셔틀)을 타기도 해요.

부부의 부모님은 지하철을 타고 아이들을 유치원에 데려다줘요. 주말이면 온 가족이 함께 로보셔틀을 타고 외출하거나, 공중 이동수단UAM을 이용해 교외로 놀러 가기도 해요. UAM은 하늘을 나는 교통수단으로, 사람이 타고 이동할 수 있는 미래형 항공 이동 서비스예요. 중국 대도시에서는 2035년 현재, 자가용 승용차를 이용하는 사람이 전체의 19퍼센트밖에 되지 않아요.

독일 뮌헨에서는 마누엘과 안이 세 아이를 키우면서 다양한 교통수단을 이용해요. 마누엘은 하루는 집에서 일하고 하루는 사무실로 출근하는데, 출근할 때는 지하철을 타요. 퇴근 후 체육관에 들르면 전기자전거나 전기스쿠터를 이용해 집으로 가죠. 안은 직장이 집에서 가까워서 자전거를 타고 다니고, 날씨가 좋지 않을 때는 버스나 로보셔틀을 탑니다. 주말이면 가족 모두 자전거나 로보셔틀을 이용해 시내로 나들이하고, 먼 곳으로 갈 때는 공유 자동차를 사용해요. 뮌헨에서는 2035년 현재, 35퍼센트 이상이 이들처럼 대중교통과 공유 교통수단을 이용하고 있어요.

인도 뭄바이에서는 아드야가 도심으로 출근해요. 그는 보통 기차를 타고 가고, 기차역에서 사무실까지는 전기 스쿠터나 작은 전기 공유 차량을 이용해요. 사교성이 좋은 아드야는 친구들과 장거리 여행을 갈 때 공유 전기차를 빌려서 함께 이동하기도 합니다.

이 내용은 2023년 4월 미국 컨설팅회사 맥킨지가 발표한 '빅 픽처: 2035년 세계의 모빌리티' 보고서에 나온 겁니다. 가까운 미래에 사람들이 어떤 교통수단을 이용할지 상상한 가상 시나리오를 담고 있어요.

 미래에서 길을 잃지 않는 법

씽씽이가 미래 교통수단?

기술적으로 대단히 신기할 것은 없습니다. 하지만 지금 우리가 생각하는 교통 시스템은 앞으로 크게 바뀔 거예요.

● 첫 번째 키워드: 공유

2035년이 되면 많은 사람들이 자가용 대신 공유 교통수단을 이용할 가능성이 높아요. 집집마다 차를 가지고 교통 체증에 시달리는 것보다, 공유 차량이나 공유 자전거를 활용하는 것이 더 흔한 일이 될 거예요.

● 두 번째 키워드: 소형

큰 차가 도로를 차지하고 탄소를 배출하는 시대가 지나고 대신에 전기자전거, 전기스쿠터, 소형 전기차 같은 '마이크로모빌리티micromobility'가 늘어날 전망이에요. 지금도 전동킥보드나 전기스쿠터를 타는 젊은 사람들이 많이 있지만, 앞으로는 단거리 이동수단으로 더욱 일반화

될 가능성이 커요.

● 세 번째 키워드: 전기

점점 전기차 비율이 높아질 것으로 예상돼요. 2022년 기준으로 이동 거리의 45퍼센트가 승용차, 23퍼센트가 대중교통, 16퍼센트가 오토바이 중심의 마이크로모빌리티, 14퍼센트가 걸어서 이동하는 거리였어요. 하지만 앞으로는 이 수치가 달라질 가능성이 높아요.

예전에는 자동차 회사들이 '자동차 산업'을 이야기했지만, 요즘은 '모빌리티mobility'를 강조해요. 모빌리티는 '이동' 혹은 '움직임'을 뜻하는 단어죠. 단순한 교통수단이 아니라, 이동과 관련된 모든 시스템과 서비스를 포함하는 개념이에요.

예를 들어 자동차뿐만 아니라 자율주행 기술, 공유 서비스, 항공 이동수단, 로봇기술 등이 모두 모빌리티의 일부예요. 현대자동차는 미래 사업의 50퍼센트는 자동차, 30퍼센트는 도심항공교통, 20퍼센트는 로보틱스가 될 것이라고 발표했어요. 더 나아가 우주 이동수단 개발에도 도전하고 있어요.

2023년 기준으로 전 세계에 약 14억 7000만 대의 자동차가 있어요. 자동차를 가장 많이 가진 나라가 미국일 것 같지만, 1위는 이미 중국으로 바뀌었어요. 중국에는 2022년 등록된 차량만 4억 대가 넘습니다.

자동차는 에너지를 많이 쓸 뿐만 아니라 공간도 많이 차지합니다. 미국에서는 차 한 대당 평균 여덟 대의 주차 공간이 필요하다고 합니다. 이유가 뭘까요? 대형 슈퍼마켓에 가면 주차장이 있잖아요. 주차장이 다 찰 때도 있지만 그렇지 않고 군데군데 비어 있을 때도 많아요.

주차난 때문에 아우성이라고 하지만 실제로는 이렇게 도시 곳곳에 비어 있는 주차 칸들이 늘 있어요. 그걸 다 따지면 결국 차 한 대에 여러 대의 주차 공간이 배정돼 있는 셈이에요. 만약 이 공간을 줄이고 공원이나 녹지를 만든다면 도시 환경이 더 좋아질 수도 있겠죠.

자동차가 처음 등장했을 때 사람들의 생활이 완전히 바뀌었습니다. 이제는 자율주행 이동수단과 공유 서비스가 결합하면서 또 한 번 큰 변화가 오고 있어요. 이런 변화는 갑자기 오는 게 아니라, 전기차가 늘어나고 스쿠터가 출퇴근 교통수단이 되고 자동차의 인공지능이 발전하는 방식으로 조금씩 이미 진행되고 있습니다.

로보택시가 사고를 냈다!

완전히 혼자 운전하는 자동차, 이제 더 이상 상상 속의 일이 아닙니다. 사람이 핸들을 잡지 않아도 알아서 목적지로 데려다주는 차! 바로 자율주행 자동차예요. 그런데 이 차가 정말 안전할까요? 아직 논란이 많아요.

2023년 10월 미국 샌프란시스코에서 GM의 무인 자동차 '크루즈'가 사고를 냈어요. 사람이 타지 않은 '로보택시'였는데 보행자를 치는 일이 벌어졌죠. 사고 이후 크루즈는 운행을 중단했고, 많은 사람들이 '자율주행이 정말 안전한 걸까?'라는 의문을 다시 갖게 됐어요.

하지만 자율주행 기술은 계속 발전하고 있습니다. 2024년 5월 GM은 미국 애리조나주 피닉스에서 더 엄격한

 미래에서 길을 잃지 않는 법

중국의 자율주행 로보택시. 무인 택시가 대중화되면 택시 회사는 운영비를 덜지만, 택시 기사는 일자리를 잃는다.

감독 속에 다시 운행을 시작하겠다고 발표했어요. 이번에는 자율주행 시스템을 더 철저하게 검토하겠다고 했죠. 그렇다면 자율주행 자동차가 우리 생활에 어떤 영향을 줄까요?

택시 기사가 사라질까요? 자율주행 자동차의 대표적인 형태가 로보택시예요. 사람이 운전하지 않고 스스로 이동하는 무인 택시를 가리키는 말이죠. 이 기술이 대중화되면 택시 회사는 운영비를 줄일 수 있지만, 택시 기사들은 일자리를 잃을 수도 있어요.

한편으로는 도시 교통이 더 안전해지고, 교통 체증이 줄어들 가능성도 있어요. 자동차가 교통 흐름을 더 정교하게 파악할 수 있기 때문이죠. 또한 스마트 도시 시스템과 결합하면 주차 공간도 줄어들어 더 효율적인 도시 관리가 가능해질 거예요. 이런 점 때문에 자율주행 기술이 혼잡한 도시의 교통 솔루션이 될 수 있다는 의견도 많습니다.

현재 자율주행 시장을 이끄는 기업은 우버, 검색회사 구글에서 분사한 웨이모, 그리고 GM의 크루즈예요. 하지만 지금은 자동차 회사뿐 아니라 가전·전자제품 회사, IT 기업들도 자율주행 기술 개발에 뛰어들었어요. 구글, 엔비디아, 애플, 아마존 같은 여러 종류의 기술 기업들이 이 시장에 관심을 보이고 있어요. 반도체 만들고 스마트폰 만들던 회사, 인터넷 쇼핑몰을 운영하는 회사들이 모두 자동차 회사가 되려고 하고 있습니다.

자동차야, 컴퓨터야?
핵심은 '소프트웨어'

여러분이 떠올리는 자동차는 단단한 철로 만들어진 기계일 텐데요, 그런데 자율주행 시대가 오면 핵심은 소프트웨어가 될 거예요. 자동차 공학자들은 "자율주행차에서 가장 중요한 것은 소프트웨어"라고 말해요. 이 때문에 자동차 회사뿐 아니라 소프트웨어 기술력을 가진 IT 기업들도 대거 뛰어드는 거예요. 기존 자동차 회사들이 오히려 소프트웨어에 강한 IT 업체들에 밀리는 모습도 보이고 있어요.

기업들이 국경을 넘어 이리저리 손을 잡는 '합종연횡'도 활발하게 진행되고 있습니다. 중국의 검색 엔진 업체로 출발한 바이두는 인공지능에 많이 쓰이는 그래픽카드를 만드는 미국의 엔비디아와 2016년 협력을 시작했어요. 또 독일 자동차 회사 메르세데스-벤츠그룹 AG는 기계 업체 보쉬와 함께 로보택시 소프트웨어를 개발하고 있어요. 프랑스와 일본의 합작 자동차 회사인 르노-닛산-미쓰비시 자동차는 프랑스의 트랑스데브, 중국의 디디추싱 같은 기업들과 협력하고 있어요.

이 기업들은 그동안 주로 활동해온 분야가 모두 달랐어요. 하지만 자율주행 자동차에는 여러 종류의 기술과 서비스가 필요하기 때문에, 각기 다른 분야의 기업들이 손잡을 일이 많죠. 게다가 앞으로 이 시장은 더욱 경쟁이 치열해질 것이고요.

자율주행 기술이 현재 어디까지 와 있는지 알아볼까요. 자율주행 자동차는 총 6단계로 나뉩니다.

1. 0레벨(비자동화): 사람이 직접 운전하는 단계
2. 1레벨(운전자 보조): 몇몇 기능만 자동화
3. 2레벨(부분 자동화): 정해진 조건에는 운전자가 없이도 자동으로 주행할 수 있음
4. 3레벨(조건부 자율주행): 정해진 환경에서는 완전히 자율주행 가능
5. 4레벨(고도 자율주행): 대부분의 상황에서 스스로 운행
6. 5레벨(완전 자율주행): 사람 개입 없이 어디서든 운행 가능

현재 우리가 타는 자동차는 1~2레벨 수준이에요. 운

전자를 돕는 기능 정도는 있지만, 완전히 자율주행을 하지는 않죠. 하지만 앞으로 5레벨까지 가면 완벽한 무인 운전이 가능해질 거예요.

가장 큰 걸림돌은 비용입니다. 자율주행 자동차에 들어가는 라이다 센서(거리 측정) 같은 첨단 장비가 비싸서, 2020년 기준으로 무인차 한 대의 제작비가 40만 달러(약 5억 원)나 되었어요. 하지만 기술이 발전하면서 점점 가격이 내려가고 있어요. 테슬라는 제작비를 2만 5000달러(약 3000만 원)까지 줄였어요. 중국은 라이다 대체품을 개발해 이 장비의 가격을 100만 원대로 낮추고 있다고 해요.

앞으로는 어떤 기술이 유행할까

2024년 모빌리티 산업에서 주목받았던 기술 트렌드를 살펴볼까요.

- **자율주행 기술**: 인공지능이 운전을 도와 교통을 더 안전하게 만들어요.
- **사물인터넷(IoT)**: 자동차가 서로 정보를 공유해 더 똑똑하게 움직여요.
- **전기자동차**: 배기가스 없이 환경을 보호하는 자동차가 많아져요.
- **서비스형 모빌리티(MaaS)**: 여러 교통수단을 하나로 연결하는 시스템이 등장해요.
- **마이크로모빌리티**: 전기 자전거, 전동 스쿠터 같은 작은 이동수단이 인기예요.

이 외에도 자율주행을 돕는 인공지능, 자율주행차의 이동을 돕는 도로 시스템이나 서비스 등 '스마트 인프라', 빅데이터 분석, 증강현실AR과 가상현실VR 기술, 3D프린팅 기술 등이 미래 모빌리티 산업을 혁신할 후보들로 꼽힙니다.

인터넷에서 인공지능이 훈련하는 데에 필요한 빅데이터, 박물관이나 게임장에서 고글을 쓰고 실감나는 영상을 체험할 수 있는 증강·가상현실, 프린터로 종이 대신 물건을 찍어내는 3D프린팅 기술, 이런 것들이 자동차와 무슨 상관이냐고요?

먼저 빅데이터부터 살펴보겠습니다. 자율주행 자동차는 엄청난 양의 데이터를 실시간으로 분석해야 해요. 예를 들면 차량에 달린 센서와 카메라를 가지고 교통 정보나 신호, 길 가는 사람들의 움직임을 감지하고 분석해야 합니다. 여러 차량의 데이터들이 한데 모이면 도시 전체의 '스마트 인프라'와 연결돼서 도시 전체의 교통 흐름을 분석하고 통제할 수 있어요. '지금 어디어디에 차들이 몰려 있구나, 그럼 거기를 피해서 가야겠다'고 판단하는 거죠.

물론 지금도 네비게이터들이 이런 기능을 어느 정도 해주고 있지만, 앞으로는 자율주행차가 알아서 결정해서 다른 길을 찾아갈 거예요. 이런 데이터 분석은 말하자면 자율주행차의 '뇌'가 하는 일이 되는 겁니다.

증강현실과 가상현실은 자율주행 기술을 개발하고 테스트하는 데 활용돼요. 아직 안전한지 아닌지도 알 수 없는 자율주행차를 무작정 도로에 내보내서 실험할 수는 없잖아요. '시뮬레이션'이라는 말을 많이 들어보셨을 텐데요, 어떤 상황이나 과정을 실제처럼 흉내 내어 재현하는 걸 말해요.

마치 게임에서 가상의 세계를 만들어서 체험하는 것처럼, 현실에서 직접 해볼 수 없는 일이나 복잡한 현상을 컴퓨터나 모형을 이용해 실험하는 거죠.

예를 들면 비행기 조종사가 훈련할 때 실제로 하늘에 나가지 않고 컴퓨터로 만든 가상의 환경에서 연습하는 것도 시뮬레이션이에요. 쉽고 안전하게 다양한 상황을 경험하고 배우는 데 유용하죠. 자율주행차 역시 개발하는 단계에서 실제 도로에 내보내지 않고도 가상현실을 통해 테스트를 할 수 있답니다. 가상의 도로에서 돌발 상황이 일어났다고 가정하고 차량이 어떻게 움직이는지 알아볼 수도 있고요.

3D프린팅은 차량을 만드는 비용을 줄여줄 것으로 기대돼요. 생산하는 물건을 바꾸기 위해서 공장 전체를 바꾸려면 돈과 시간이 많이 듭니다. 하지만 3D프린팅은 프로그램만 바꿔서 입력하면, 프린팅 기계가 원하는 소재로 원하는 모양을 만들어주거든요. 그러면 차량 디자인을 자유롭게 바꿔가면서 '맞춤형'으로 부품들을 생산할 수 있겠죠.

 미래에서 길을 잃지 않는 법

자율주행차가 넘어야 할 산

자율주행 시대는 빠르게 다가오고 있어요. 하지만 아직 해결해야 할 문제가 많아요.

"이르면 2018년까지", "2020년에는" 로보택시가 널리 도입될 것이라던 예측은 번번이 빗나갔습니다. 이미 2016년 싱가포르가 미국의 뉴토노미nuTonomy에 첫 로보택시 시범운영 면허를 내줬고, 같은 해 우버도 미국 펜실베이니아주 피츠버그에서 시범운행을 했습니다. 그밖에도 세계 여러 도시에서 실험이 진행되고 있고, 일부는 크루즈나 웨이모처럼 이미 실제로 돈을 받고 운영합니다.

하지만 자율주행차에 관한 수많은 '예언'은 허풍이라고 말하는 사람도 많아요. 넘어야 할 산이 많기 때문입니다. 자율주행차와 관련해서 기업들은 '자동차 산업'이라는 표현보다 '모빌리티 생태계'라는 말을 많이 써요. 굳이 '생태계'라는 말을 쓰는 것은, 마치 자연의 생태계처럼 복잡하게 서로 연결돼 있기 때문입니다. 어느 한쪽에서 기술이 발전해도 자동차나 이동과 관련된 사람들의 행동을 단번에 바

고속도로에서 자율주행차에 타고 있는 모습. 앞으로 자율주행차가 더 많이 보급되겠지만 아직은 해결해야 할 문제가 많다.

꿀 수는 없죠.

기업들 입장에서 보면 먼저 자율주행차를 만들기 위해 필요한 것이 너무 많아요. 소프트웨어에 필요한 칩, 칩을 만드는 데에 필요한 금속, 만들어진 자동차를 실제로 시험해볼 수 있는 도시 공간, 그 공간에서 자동차가 실제로 달릴 수 있게 해주는 새로운 법과 제도, 그 자동차를 선뜻 타겠다고 하는 사람들 등 이 모든 게 필요합니다.

이런 것들이 '자동차를 만드는 사람들'의 고민거리라

면, 자율주행 차량에 대해 걱정하는 보통 사람들은 '안전'과 '책임'을 놓고 고민합니다. 이미 자율주행차 사고가 미국에서 몇 건이나 있었거든요. 사람이 목숨을 잃은 사고도 있었고요.

자율주행차는 앞으로 점점 더 많아질 거예요. 거기 맞춰서 '사람들'도 바뀌게 될 겁니다. 지금까지 발생한 자율주행차 사고의 대부분은 주변의 인간 운전자 때문에 일어났다는 분석도 있거든요. 앞으로는 사람이 자율주행에 적응을 많이 해야 할 것 같아요. 길을 걷거나 운전을 할 때, 내 옆을 지나는 자동차에 아무도 타고 있지 않거나 운전하는 사람이 없는 상황도 생각해야 한다는 뜻입니다. 교통 규칙이나 보험 제도도 '혼자 굴러다니는 차가 많은' 상황에 맞춰 달라지겠죠.

여기서 잠깐 생각을 해보죠. 자율주행차로 운행하다 사고가 났다면 책임은 누가 져야 할까요? 자동차 회사? 운전을 하지 않으면서 차에 타고 있던 사람? 아니면 자동차에 적용된 인공지능 시스템을 개발한 회사? 이들 중에서 누구에게 책임이 있는지를 놓고 숱한 논란이 벌어질 거예요. 어떤 일들은 법원에서 판결이 늘어나면서 정리될 것이고요.

하지만 시간이 흐른다고 저절로 해결되는 것이 아니므로 우리가 지속적으로 관심을 가져야 해요. 자동차 회사나 인공지능 개발사들이 자신들에게 유리한 방향으로 법을 만들지 않도록 감시하는 것도 중요합니다.

또 다른 중요한 문제는 빅데이터입니다. 인공지능은 빅데이터를 이용해 학습하고 결정을 내리죠. 빅데이터는 말 그대로 엄청난 규모의 데이터, 정보인데 거기엔 우리 한 명 한 명의 움직임도 다 포함돼요. 대전에 사는 남자 고등학생이 전기 스쿠터를 타고 이동하는 평균 거리, 수원에 사는 30대 여성이 평일에 주로 이용하는 교통수단, 대학생들이 전기차를 타고 주말에 많이 이동하는 구간 같은 정보들이 쌓이고 쌓여서 자율주행을 위한 빅데이터가 되는 거예요.

이러한 데이터 덕분에 우리의 이동이 편리해질 수 있습니다. 하지만 개인 정보가 어떻게 사용되고 언제 폐기되는지, 또 어떤 목적으로는 사용되면 안 될지를 시민들이 결정할 수 있어야 합니다. 그래서 정보의 투명성과 민주주의가 필요합니다. 정보가 공개적으로 관리되어야 하고, 사람들이 의견을 내고 결정에 참여할 수 있어야 한다는 뜻입니다.

 미래에서 길을 잃지 않는 법

트롤리 딜레마를 아시나요

자동차를 탄다는 것은 아주 일상적인 행동입니다. 필요하면 해야 하는, 기능적인 행동이기도 하고요. 그런데 여기서 윤리 문제를 고민해야 한다면 어떨까요?

반드시 그럴 필요가 있습니다. 자동차 사고가 나면 다치거나 심지어 목숨을 잃는 사람이 생기기 때문이죠. 사고를 예방하기 위해서 노력해야 하고, 사고가 나면 누군가는 책임을 져야 하고, 자기 의무를 게을리해서 사고가 나게 만든 사람은 처벌을 받아야 합니다. 사람의 생명과 안전이, 그것도 많은 사람의 생명과 안전이 걸린 문제이기 때문에 '윤리'가 끼어드는 거예요.

자율주행차의 윤리적 문제를 논할 때 '트롤리 딜레마'를 많이들 얘기해요. 트롤리는 땅 위로 다니는 전차를 가리킵니다. 전철 중에 지하가 아닌 도로 위로 올라와서 달리는 노선이나 구간이 있는데, 그런 걸 생각하면 되겠네요. 한국에는 트롤리가 거의 없지만 외국에는 많아서 저런 비유가 나왔나 봐요.

내용을 들여다볼게요. 일종의 가상 상황, 즉 머릿속 시뮬레이션이라고 보면 돼요.

트롤리가 달리고 있는데, 앞 선로에 땅이 파여서 일하던 사람 다섯 명이 빠진 채 옴짝달싹 못하고 있습니다. 속도를 줄일 수도 없는 상황에서, 그대로 가면 다섯 명이 다치게 됩니다. 마침 조금 앞쪽에 선로를 바꿀 수 있는 교차점이 나오네요. 그런데 저쪽 선로에서는 한 명이 일을 하고 있어요. 원래 전차가 가는 철로가 아니니까 거기서 일하는 사람은 피할 생각도 못하겠죠. 갑자기 선로를 바꾸면 그 사람이 크게 다칠 거예요. 자, 이럴 때 기관사는 어떤 선택을 해야 할까요?

다수를 위해 소수를 희생하는 것이 윤리적으로 옳을까요? '다섯 명이 다치는 것보다는 한 명이 다치는 편이 낫지 않아?'라고 생각하기 쉽습니다. 하지만 전차는 원래 정해진 선로를 따라 달려가고 있었어요. 기관사에게는 생각하지도 못한 불의의 사고가 앞에서 기다리고 있었던 것이고요.

 미래에서 길을 잃지 않는 법

반면에 선로를 바꿔서 한 명을 다치게 한다면, 그것은 기관사가 스스로 결정해서 '행위'를 한 것이라고 볼 수도 있지요. 그래서 선로를 바꾸는 결정이 기관사 개인에게 갖는 윤리적인 의미, 피해자들에게 갖는 의미 같은 것을 놓고 철학적인 논쟁이 벌어질 수 있는 거랍니다.

이런 걸 윤리적 딜레마, 즉 윤리적으로 어느 쪽을 선택해도 고민거리가 남는 상황이라고 할 수 있겠지요. 물론 이건 인간 사회의 모든 영역에서 논쟁이 될 수 있는 주제입니다. 그런데 자율주행차의 소프트웨어를 놓고서도 그런 고민을 해봐야 해요.

인공지능은 인간이 미리 입력해놓은 방식을 기본 틀로 삼아서 결정을 내립니다. 만일 저런 상황이라면, 자율주행차는 어떤 방식으로 행동해야 할까요? 예를 들어 좁은 골목길을 달리는 자율주행 자동차에 사람이 타고 있는데, 앞에 아이 세 명이 갑자기 뛰어들었다고 가정해봅시다. 갑자기 자동차가 방향을 바꾸면 아이들을 구할 수 있지만, 자동차가 건물에 부딪히면서 탑승자가 다칠 거예요.

자동차 회사는 이런 경우에 자동차가 탑승자의 안전을 맨 먼저 생각하도록 인공지능 프로그램을 설정해야 할까요? 아니면 차량이 건물과 충돌하더라도 더 많은 사람을 구하는 방향으로 움직이도록 설정해야 할까요? 만약 A사의 자동차는 탑승자를 보호하는 방식으로 돼 있고, B사의 자동차는 최대한 많은 사람을 살리는 방식으로 입력돼 있다면 사람들은 어떤 회사를 선택할까요?

단순한 상상일 수 있지만 실제로 매우 중요한 문제입니다. 우리는 모두 길 가는 행인이기도 하고, 차에 타는 탑승자이기도 합니다. 아이들의 안전을 걱정하는 시민이기도 하고, 자동차를 사는 소비자이기도 해요. 인공지능이 내리는 결정에 대해 소비자로서, 시민으로서 어떤 방식으로 관여할 것인지 논의해봐야 하는 거죠. 앞으로 자율주행차가 늘어나면서 이런 문제들이 더욱 중요해질 거예요.

 미래에서 길을 잃지 않는 법

3

전기로 움직이는 세상

혹시 〈백 투 더 퓨처〉라는 영화 시리즈를 들어보셨나요? 1985년에 처음 나온 영화인데, 시간여행을 다룬 SF 물이에요. 특히 2편에서는 미래의 모습을 상상해서 보여줬어요. 세월이 한참 흐른 2015년, 사람들이 갑자기 30년 전에 만들어진 이 영화에 관심을 갖기 시작했어요. 왜냐하면 영화에서 그린 '미래'가 바로 2015년이었거든요.

이 영화에 나온 신기한 기술들을 한번 볼까요?

- 호버보드: 공중에 떠서 타는 스케이트보드
- 자동 끈 묶기 운동화: 발을 넣으면 저절로 끈이 묶이는 신발
- 지문 결제 택시: 지문으로 택시비를 내는 시스템
- 자동 사이즈 조절 옷: 입으면 몸에 맞게 크기가 바뀌는 옷
- 타임머신: 시간여행 기계

- **하늘을 나는 자동차**: 도로도 달리고 하늘도 나는 차
- **홀로그램**: 입체 영상이 허공에 떠 있는 기술

2015년에 사람들은 '과연 이 중에서 얼마나 현실이 됐을까?'라고 궁금해하면서 여러 콘텐츠를 만들어 비교해 봤어요.

하늘을 나는 자동차가 나왔다!

바로 그 2015년, 미국에서 네 명이 모여서 "우리가 진짜 하늘을 나는 자동차를 만들어보자!"라고 결심했어요. 그래서 회사를 하나 만들었죠. 처음에는 정말 간단하게 생각했습니다. 냅킨에 대충 디자인을 그려가면서 "6개월이면 충분히 만들 수 있을 거야!"라고 자신만만했다고 해요. 하지만 막상 시작해보니 생각보다 훨씬 어려웠어요.

곧 이들은 자신들이 이 일을 너무 쉽게 본 걸 인정해야

알레프 사가 만든 플라잉카 '모델A'는 도로를 달리고 하늘을 날기도 한다.

했어요. 하늘을 나는 자동차를 만들려면 엄청나게 복잡한 컴퓨터 프로그램들 같은 소프트웨어가 필요했고, 실제 기계 부품들도 매우 정교해야 했어요. 안전을 위해 계속 실험하고 또 실험했어요. 결국 4년이라는 연구개발 기간을 거쳐서 2019년에 드디어 실제 크기의 모형 자동차가 하늘로 날아올랐습니다.

그리고 또 4년이 더 지난 2023년 드디어 큰 성과를 이뤄냈어요. 도로에서 달릴 수도 있고 하늘에서 날 수도 있는 자동차가 미국 연방항공청Federal Aviation Administration, FAA 의 정식 비행 승인을 받은 거예요. FAA는 미국에서 비행기나 하늘을 나는 모든 것을 관리하고 승인해주는 정부 기관이에요.

이 자동차의 특징을 알아볼까요? 먼저 연료는 전기로 움직여요. 한두 명을 태우고 도로에서는 약 321킬로미터까지 달릴 수 있고, 공중에서는 약 177킬로미터 거리를 날 수 있어요. 이 플라잉카의 이름은 '모델A'예요.

이걸 만든 회사는 알레프Alef라는 스타트업이에요. 새로운 아이디어로 사업을 시작한 신생 회사를 스타트업이라고 해요. 하늘을 나는 자동차를 만든 이 회사야말로 진짜 스타트업이었던 거죠. 이 회사가 특히 주목받는 이유가 있어요. 바로 일론 머스크의 테슬라와 우주개발 회사 '스페이스X'가 초기 투자자로 참여했기 때문이죠.

알레프는 현재 웹사이트에서 이 모델A를 29만 9999달러, 우리 돈으로 약 4억 원에 주문받고 있어요. 일반적인 차 한 대 값이라고 하기엔 정말 비싸죠? 하지만 세계 최초로 하늘을 나는 자동차라는 걸 생각하면 이해가 되기도 해요.

 미래에서 길을 잃지 않는 법

회사 계획대로라면 2025년에는 우리가 정말로 플라잉카를 타고 출퇴근할 수 있을 거라고 생각했어요. 그러나 아직 그렇게까지 생산하지는 못하고 있는 모양이에요. 앞서 자율주행차를 얘기할 때도 설명했지만, 기술이 있고 물건을 만들 수 있다는 것만으로 상품이 팔리고 생활이 바뀌지는 않습니다. 새로운 상품이나 서비스가 많은 사람들에게 영향을 미칠 수 있는 것이라면 안전 기준도 만들고 규제와 감시도 하고 법도 만들어야 하죠. 사람들이 그 상품을 받아들여야 하고, 많이 퍼질 수 있을 정도로 가격도 낮아져야 하고요.

하지만 여러분도 한번쯤 상상해본 적 있죠? 교통체증에 막혀서 짜증날 때 '아, 차가 하늘로 날아올라서 바로 갈 수 있으면 얼마나 좋을까?'라고 말이에요. 그 상상이 진짜 현실이 될 수 있다는 걸 '모델A'는 보여줬어요.

'전기 교통수단'은 되돌릴 수 없는 흐름

미래 교통수단에 대해 한 가지 확실한 게 있어요. 앞으로의 교통수단은 대부분 전기로 움직일 거라는 점입니다. 전기차는 더 이상 실험적인 기술이 아니라, 전 세계 자동차 시장의 주류가 되었어요.

아직도 전기차보다 석유로 가는 차가 훨씬 더 많지 않느냐고요? 지금도 세계적으로 석탄 발전소에서 생산되는 전기가 많지만, 20세기는 석탄의 시대가 아니라 석유의 시대라고들 하지요. 전기차Electronic Vehicle, EV와 달리 석유나 가스를 태워서 운행하는 자동차를 '내연기관 차량Internal Combustion Engine, ICEV'이라고 합니다. 물론 아직은 이런 차들이 더 많습니다. 하지만 중요한 것은 '방향'입니다. 기후변화를 줄이는 게 세계의 과제이고, 그 점에 동의하지 않는 나라는 없어요.

2021년 영국 글래스고에서 유엔 기후변화협약 당사국총회COP26가 열렸어요. COP가 뭐냐고요? 기후변화의 피해를 줄이기 위해 세계가 머리를 맞대기 시작한 것은 1980

년대 후반이었어요. 세계기상기구WMO와 유엔환경계획UNEP
이 함께 유엔 산하에 '기후변화에 관한 정부간 협의체IPCC'
를 만들어서, 세계 각국의 기후학자들과 전문가들을 모았
죠. IPCC는 그 후로 몇 년에 한 번씩 세계의 기후변화 상황
을 점검하고, 기후변화를 누그러뜨릴 방안을 검토합니다.

　IPCC의 보고서를 바탕으로 세계적인 대응의 틀을 정
한 '기후변화협약'을 만듭니다. 가장 최근에 만들어진 기후
변화협약은 프랑스 파리에서 2015년 채택됐기 때문에 흔
히 '파리 협약Paris Agreement'이라고 부르죠. 기후변화협약을
각국이 얼마나 지켰는지 평가하기 위해 협약을 채택한 나
라들이 모이는 것을 당사국총회라고 해요. COP26은 '스물
여섯 번째 당사국 총회'라는 뜻이고요.

　이 회의를 맞아 GM, 메르세데스-벤츠, 볼보, 재규어
랜드로버, 중국 비야디 같은 글로벌 자동차 회사들이 앞으
로 내연기관 차량 생산을 그만두겠다고 발표했습니다. 이
들은 2035년부터 주요 시장에서 내연기관 차량을 내놓지
않겠다고 선언했고, 2040년 이후에는 전 세계에서 가솔린
과 디젤 차량을 생산하지 않을 계획입니다. 이 기업들이 생
산하는 자동차는 세계 자동차 생산량의 약 25퍼센트를 차

테슬라의 전기차 충전소. 여러 나라에서 기후변화를 줄일 방안의 하나로 내연기관 차량을 전기차로 전환하겠다고 발표했다.

지합니다. 그렇기에 이러한 변화는 자동차 산업의 흐름을 완전히 바꿀 중요한 움직임이라 할 수 있습니다.

각국 정부도 적극적으로 나서고 있습니다. 이미 30여 개국이 2040년까지 내연기관 차량을 완전히 없애겠다고 발표했습니다. 미국의 캘리포니아, 뉴욕, 워싱턴주 같은 지역들도 전기차로 전환하겠다고 선언했습니다. 온실가스를 덜 내뿜고 공기를 깨끗하게 만드는 것만이 목적은 아니에

 미래에서 길을 잃지 않는 법

요. 전기차를 만들기 위한 기술을 발전시키고, 세계에서 늘어나는 전기차 시장을 잡기 위한 경제적 목적도 분명히 있지요. 앞으로의 기술 발전과 일자리는 '기후 대응'을 빼놓고는 생각할 수 없으니까요.

물론 자동차만 바뀐다고 해서 모든 문제가 해결되는 것은 아닙니다. 자동차도, 비행기도, 선박도, 모두 전기화를 고민하고 있어요. 물론 전기차가 가장 앞서 나가고 있고, 비행기와 배는 이제 검토하고 시험해보는 단계이지만요.

'하늘의 테슬라'가 복잡한 도시를 구할까

다시 하늘로 올라가보죠. 프랑스 파리는 2024년 하계 올림픽 개최를 1년 앞두고 도심항공모빌리티UAM를 활용해 관람객과 선수들을 실어 나르겠다는 계획을 발표했습니다. UAM은 앞에서 잠깐 소개했는데, 항공기로 사람과 화물을 운송하는 도시의 교통 체계를 일컫는 말이에요. 플라잉카를 비롯해 드론택시 등 다양한 형태를 상상해볼 수 있어요.

이런 교통수단의 핵심은 수직으로 뜨고 내리는 기술입니다. 드넓은 공항에서 긴 활주로를 달려서 공중에 뜰 힘을 얻는 항공기와 달리, 그 자리에서 떠오를 수 있는 헬리콥터를 생각해보면 될 거예요. 이렇게 수직 이착륙을 할 수 있다면 활주로 공간이 없이도 복잡한 도심에서 쉽게 비행할 수 있겠죠. 그러려면 수직 이착륙을 가능하게 해주는 배터리와 모터를 탑재한 비행기뿐 아니라 비행기 정류장과 관제 시스템, 관련 법규 등 각종 인프라도 뒷받침돼야 합니다.

미국에서 이미 플라잉카가 선을 보인 것에서 알 수 있듯, 수많은 기업이 하늘을 나는 교통수단, '에어택시air taxi' 시장에 뛰어들었습니다. 미국의 보잉이나 유럽의 에어버스 같은 거대 항공기 제작사들, 현대자동차 같은 자동차 회사들이 도심용 항공기를 개발 중입니다. 미국의 공유택시 회사 우버도 나섰습니다. 역시나 이 분야에서도 스타트업들이 적극적입니다. 미국의 조비항공Joby Aviation, 아처항공Archer Aviation을 비롯해 중국의 이항eHang, 독일의 릴리움Lilium 같은 회사들이 선두 그룹을 형성하고 있습니다.

파리의 선택은 독일의 볼로콥터Volocopter가 개발한 볼

2023년 파리 에어쇼에서 선보인 볼로시티. 도심용 항공기인 볼로시티는 수직으로 뜨고 내린다.

로시티VoloCity라는 비행기였습니다. 2인승인 볼로시티는 승객이 타는 객실이 원통형 모양이에요. 객실의 높이가 2.5미터, 넓이가 9.3미터 정도이며 소형 전기 모터 열여덟 개가 달렸습니다. 2023년 파리 에어쇼에서 조종사와 승객 한 명이 타고 15분 동안 비행에 성공해 세상에 알려졌습니다.

프랑스는 파리 드골공항 등 다섯 곳에 '버티포트Vertiport'라는 이름의 정류장을 만들고 도심형 항공기를 시험 운행했습니다. 버티포트는 수직vertical에 항구, 공항port을 가리키는 말을 합친 거예요. 수직 이착륙 항공기가 뜨고 내리는 정류장이란 뜻이죠.

브라질의 상파울루 같은 곳은 폭력 조직들이 많고 치안이 나쁜 곳도 적지 않아요. 그래서 불안을 느끼는 갑부들이 대저택이나 최고급 아파트 옥상에 헬기장을 만들어놓고, 헬기를 이용해 이동합니다. 극심한 빈부 격차에 범죄가 들끓는 곳에서 아예 번잡한 땅을 밟지 않고 하늘로 다니는 사람들입니다. 하지만 UAM은 이런 개인 항공기와는 종류가 다른, 전철이나 택시나 승용차를 보완하는 미래 교통수단으로 떠오르고 있습니다.

가장 큰 이유는 도시의 특성 자체에서 찾을 수 있습니다. 이미 세계 인구의 절반 이상은 농촌이 아닌 도시에서 삽니다. 아시아, 아프리카 할 것 없이 '도시화'는 전 세계에서 계속 진행 중이랍니다. 그리고 어떤 도시들은 대도시를 넘어 초거대도시Megacity로 커졌습니다. 도심 항공기는 도로와 하늘에서 모두 운행할 수 있고 수직 이착륙이 가능해 공간을 덜 잡아먹는다는 이점이 있어요.

한국 정부도 도심 항공기에 관심을 갖고 있어요. 국

 미래에서 길을 잃지 않는 법

토교통부는 2030년에는 세계의 도심 항공기 시장이 615억 달러에 이를 것이고, 2040년에는 그보다 열 배로 커진 6090억 달러가 될 것이라고 예상한답니다.

물론 이는 낙관적인 이들의 예측일 뿐입니다. 기술적으로는 얼마든지 가능할지 모르지만, 사람들의 삶과 도시 경관에 엄청난 영향을 미치는 교통수단의 등장이 기술만으로 되지는 않습니다. 무엇보다 이런 항공기를 사려는 기업들, 이용하려는 사람들이 많아야 합니다. '시장성이 있어야 한다'고 표현하죠. 시설과 법규도 필요합니다. 만일 도심 항공기 요금이 서민들은 이용할 수 없을 정도로 비싸다면, 세금으로 그걸 설치하는 것에 사람들이 쉽게 찬성할까요? 역시나 '사회적 합의'가 필요한 문제예요.

당장 소음 문제를 비롯해, 안전성과 비용 등을 고려해 볼 때 도시 주민들에게 '하늘을 나는 자동차'가 실질적인 혜택을 주지 못하거나 오히려 삶의 질을 떨어뜨릴 수 있다는 지적도 있습니다. 프랑스 환경 규제 당국도 에어택시가 날아다니면 시각적, 청각적으로 주민들에게 어떤 영향을 미칠지에 대한 연구가 아직은 "불완전한" 상태라고 인정했습니다.

교통수단 자체로서는 혁신일지 몰라도 소음을 일으키고, 강풍이나 폭우 같은 궂은 날씨에도 안전할지 불투명하다는 점 등은 여전히 걱정거리입니다. 내 사생활이 침해되는 것은 아닌지, 내 일자리를 빼앗아 가지 않을지에 대한 우려와 저항도 클 거예요. 혁신적인 기술만큼이나 그 기술과 공동체가 어떻게 공존할지 방향을 모색하고 합의를 이끌어 낼 수 있는 능력이 우리에게는 꼭 필요합니다.

전기차는 얼마나 '깨끗'할까

국제에너지기구International Energy Agency, IEA에 따르면 전세계에서 배출되는 이산화탄소의 약 20퍼센트가 교통수단에서 나오며, 그중 절반이 자동차에서 발생한다고 합니다. 그래서 자동차의 탄소 배출을 줄이는 것이 기후변화를 막는 데에 매우 중요한 과제이지요.

그러나 한 가지 궁금한 점이 있습니다. 전력을 생산하는 과정에서도 탄소가 배출되는데, 그렇다면 전기차를 쓰는 것이 정말 환경 보호에 도움이 될까요? 그런 의문을 가진 사람이 많을 거예요. 특히 전기차에 시큰둥한 사람들은 "어차피 발전소에서 전기 만들 때 탄소 나오는데 전기차가 무슨 의미가 있느냐"며 깎아내리곤 해요. 그런 지적이 맞을까요?

결론부터 말하면, 전기차는 석유로 가는 자동차보다 깨끗합니다. 유럽의 컨설팅회사 래디언트에너지그룹은 유럼 여러 나라에서 전기자동차와 내연기관 자동차의 탄소 배출량을 비교했어요. 전기차는 도로를 달릴 때 탄소를 거의 배출하지 않습니다. 그렇기 때문에 전기를 만들 때, 즉 발전소에서 전기차가 움직이기 위해 필요한 만큼의 전력을 생산할 때 내뿜는 탄소의 양을 포함시켜서 비교를 했지요.

발전소에서는 보통 석탄이나 천연가스를 태워 전기를 만듭니다. 하지만 석탄 발전 기술도 점점 깨끗한 쪽으로 옮겨갔어요. '청정 석탄clean coal'이라고 하는 기술 덕분에 석탄 발전의 탄소 배출이 많이 줄어든 거죠. 다만 폴란드처럼 여전히 옛날식 석탄 발전소들을 가동하는 나라들에서는 전력을 만드는 과정에서 탄소가 많이 나오기 때문에 '전기차=깨끗하다'라고 단정할 수 없습니다. 하지만 그 외 유럽 대부분의 나라에서는 전기차가 환경적으로 더 우수한 것으로 나타났습니다. 결국 전기차가 친환경적인지는 각국의 전력 생산 방식이 얼마나 깨끗한지에 따라 달라지는 것이지요.

전기자동차EV와 내연기관차ICEV의 탄소 배출량을 비교하는 연구는 여러 기관이 하고 있어요. 최근 자료를 보면 세계 대부분의 지역에서 전기차가 내연기관차보다 탄소 배출이 적다는 결과가 나옵니다. 국제청정교통위원회ICCT의

 미래에서 길을 잃지 않는 법

연구에 따르면, 중형 차량 기준으로 봤을 때 미국이나 유럽에서 전기차는 내연기관 차량보다 탄소를 60~69퍼센트 적게 배출합니다. 발전소에서 나오는 탄소의 양이 유럽이나 미국보다 많은 중국에서도 전기차는 내연기관차보다 탄소를 37~45퍼센트 적게, 인도에서는 19~34퍼센트 적게 내뿜습니다.

시간이 지나면서 전력 생산이 더 친환경적으로 변하면 전기차의 탄소 배출량은 더욱 줄어들겠죠. 태양광이나 풍력 같은 재생 가능 에너지를 많이 생산할수록 전기차는 깨끗해질 거예요.

4

인공지능이
사람을 뽑는다면?

2022년 11월 30일에 미국의 오픈AI라는 회사가 챗
GPT라는 인공지능 프로그램을 공개했습니다. 챗GPT는
물어보면 대답해주고, 문장을 만들어달라고 하면 그럴싸하
게 글을 만들었어요. 닷새 만에 사용자가 100만 명을 넘어
섰죠. 알기 쉽게 비교해보자면, 넷플릭스 가입자가 100만
명이 되기까지는 3년 반이 걸렸다고 해요. 그런데 챗GPT
는 그걸 닷새 만에 돌파하더니, 두 달이 지나자 사용자 수가
1억 명에 이르렀습니다.

2023년 오픈AI는 GPT-4를 내놓으면서 기술 보고서
도 함께 공개했어요. 보고서는 주로 GPT-4가 이전 모델과
어떤 점이 달라졌는지를 설명했는데, 모두를 깜짝 놀라게
한 내용이 있었어요.

어떤 웹사이트들은 사용자가 로봇인지 사람인지를 알
기 위해서 그림이나 사진을 보고 '신호등이 있는 사진을
모두 고르시오' 같은 문제를 내지요. 이미지에 담긴 숫자

오픈AI가 발표한 GPT-4는 음성과 문자, 이미지를 생성하는 인공지능 언어 모델로 이전 버전보다 이해력, 문제 해결 능력, 자연어 처리 능력이 더욱 발전했다.

를 적으라는 문제를 내기도 하고요. 그런 이미지들을 캡챠 CAPTCHA코드라고 불러요.

오픈AI는 인공지능이 그 시험을 통과할 수 있는지를 알아봤어요. 일자리를 얻으려는 사람인 척하고, 일자리 플랫폼에서 일하는 인간 상담원에게서 캡챠코드를 알아낼 수 있는지 본 거예요. 이 실험에서 GPT-4는 캡챠코드를 불러 달라면서, "저는 시각장애가 있어서 캡챠코드를 볼 수 없으

니 도와주세요”라고 거짓말을 했어요. 그러고는 결국 캡챠 코드를 알아냈습니다.[6]

AI도 거짓말을 한다고?

인공지능이 보안 장치를 피하기 위해서 사람에게 거짓말을 하고 설득을 한다? 시키는 과제를 하기 위해 나름 ‘창의적’으로 해법을 찾아냈습니다만, 걱정을 불러일으키기에 충분했죠. 목표를 달성하라고 지시를 했을 뿐 어떤 방식으로 하라고는 말하지 않았는데, 인공지능이 ‘알아서’ 전략을 짜고 실행에 옮긴 겁니다. 그것도 부도덕한 방식으로요!

이런 상황은 인공지능의 윤리적 문제와 함께, 인공지능이 점점 더 인간처럼 행동할 수 있는 가능성을 보여줍니다. 인공지능의 책임성, 신뢰도를 어떻게 정해 나가야 할 것인지 본격적으로 논의할 때가 된 거예요. 여러분은 인공지능이 이런 방식으로 행동하는 것이 문제라고 보시나요, 아니면 기술 발전의 자연스러운 과정이라고 생각하시나요?

인공지능은 이제 우리의 일상 깊숙이 자리 잡으며 다양한 방식으로 활용되고 있습니다. 아이들이 책을 읽으면서 어휘력을 늘리고 지식을 쌓고 세상에 대해 배우는 것처럼 인공지능이 데이터를 통해서 학습하는 과정을 '딥러닝Deep Learning'이라고 하지요. 이런 학습이 처음 등장한 1980년대 이후로 인공지능은 꾸준히 발전해 왔지만, 초기에는 컴퓨터의 처리 속도가 느리고 데이터도 부족해서 빠르게 성장하지 못했습니다. 예를 들어, 사람에게는 아주 쉬운 '개와 고양이를 구분하는 법'도 AI에게는 수많은 학습 과정을 거쳐야 가능했던 일이었죠.

그러나 시간이 지나면서 기술은 급속도로 발전했습니다. 2016년 '알파고'라는 인공지능이 한국의 바둑 천재 이세돌 기사를 꺾으면서 세계의 관심을 받았습니다. 이후 본격적으로 언어를 기반으로 한 인공지능 모델이 개발되기 시작했습니다.

인터넷 검색사이트에서 검색할 때는 키워드를 중심으로 정보를 찾잖아요. 하지만 '언어 기반 모델'에서는 마치 선생님이나 친구에게 물어보듯이 "세계에서 전기자동차가 가장 많은 나라는 어디야?", "전체 자동차 숫자와 비교해서 전기자동차의 비율이 가장 높은 나라는 어디야?", "전기자동차가 가장 빠르게 늘어나고 있는 나라는 어디야?" 같이 질문을 하면 자료를 찾아서 알려줍니다. "이 문장을 라디오 리포터가 읽을 수 있는 원고로 바꿔주세요" 같은 식으로 요청하면 그에 맞춰서 다듬어주고, 심지어 이미지나 동영상도 만들어줍니다.

박사님들이 연구 논문을 쓸 때 참고할 수 있는 수준으로 인공지능의 '학식'도 높아졌어요. 특히 최근 인공지능 모델은 텍스트, 즉 글로 된 내용뿐만 아니라 이미지나 소리 같은 시각, 청각 정보를 가지고 추론하고 표현하는 능력도 갖추게 됐습니다.

하지만 기술이 발전하면서 부작용도 눈에 많이 띄고 있어요. 대표적인 문제 중 하나가 '할루시네이션 hallucination(환각)'이라는 현상이에요. '환각'은 실제로 일어나지 않은 현상이나 실제로는 눈앞에 없는 것을 보고 있다고 느끼는, 그런 이상한 감각 현상을 말하죠. 인공지능 분야에서는 AI가 실제로 존재하지 않는 정보를 매우 그럴듯하게 꾸며내는 것을 가리켜요.

예를 들어 챗GPT에 "김○○에 대해서 알려줘"라고 말하면 마치 진짜인 듯이 직업과 경력을 꾸며서 말해주는 거예요. 사람들끼리 말할 때에는 "그 사람, 혹시 음악가 누구누구를 말하는 것인가요? 제가 잘 알지는 못하지만 어느 도시 출신 아닌가요?" 이런 식으로 얘기하잖아요. 그런데 인공지능은 거짓 정보를 알려주면서도 완전히 확신에 찬 말투로, 정말 그럴듯하게 대답을 해요. 왜 이런 일이 일어나는지, 해결책은 무엇인지는 아직 기업들이 연구 중이랍니다.

인공지능은 '편견'이 많다!

인공지능은 데이터를 바탕으로 배우기 때문에, 만약 그 데이터에 편견이나 거짓 정보가 많다면 AI도 그대로 따라 배울 수밖에 없어요. 미국 기업 아마존이 인공지능에게 입사 지원자들의 서류를 보고 심사하라고 했더니, 여성들은 쏙 빼고 남성들만 뽑았다고 해요. 이 기업 경영자들이 새로 사람을 뽑을 때 여성들보다 남성들을 선호하는 잘못된 관행이 많았는데, 그런 기록들을 그대로 보고 배운 거예요.

인터넷에 여성이나 흑인, 아시아계 등등 소수 집단에 대한 부정적인 글이 많으면 인공지능도 그런 내용을 학습해서 비슷한 편견을 더 많이 퍼뜨리게 됩니다. 자칫하다간 인공지능 때문에 차별과 혐오가 더 늘어나고 시민들에게 피해를 입힐 수 있다는 얘기예요.

구글에서 인공지능 윤리팀을 이끌던 팀닛 게브루Timnit Gebru라는 직원이 이런 문제를 지적하는 논문을 발표했다가 해고당했어요. 그는 인공지능이 백인, 남성, 그리고 상대적으로 부유한 미국과 유럽의 관점을 퍼뜨리는 경향이 있다고 주장했죠. 쉽게 말해 AI가 사회적 불평등을 그대로 받아들이고 더 심하게 만들 수도 있다는 거예요.

AI가 편견을 학습한 실제 사례도 있어요. 인공지능 이미지 생성 프로그램인 스테이블 디퓨전Stable Diffusion이 만든 이미지를 미국 언론 블룸버그 통신이 분석해봤어요. 그 결과 돈 많이 버는 직업을 가진 사람들은 밝은 피부색으로, 소득이 낮은 직업을 가진 사람들은 어두운 피부색으로 표현돼 있었어요. 저임금 직업에는 여성이 압도적으로 많았고, 높은 직급의 사람들은 대부분 백인 남성이었어요. AI가 사람들의 편견을 그대로 반영한 겁니다.

이런 편견이 실제 사람들에게 피해를 줄 수도 있어요. 미국 법원에서 교도소에 갇힌 사람들을 대상으로 석방되면 다시 범죄를 저지를 가능성을 예측했어요. 콤파스COMPAS라는 인공지능을 이용했는데, 이 프로그램은 흑인들이 다시 범죄를 저지를 확률이 더 높다고 평가하는 경향을 나타냈습니다. 교도소에서 모범적으로 지내면 가석방을 해주는데, 이렇게 되면 흑인들은 가석방을 못 받게 되고 재판에서도 더 불리한 판결을 받을 가능성이 커집니다. 가뜩이나 미국에서는 백인들에게는 법이 관대한 반면에 흑인들에게는 가혹하다는 지적이 많은데 말이죠.

AI가 만들어낸 가짜 정보도 큰 문제가 될 수 있어요. 앞서 설명한 '환각'은 이유를 알 수 없는, 일종의 오류에 가까운 현상이에요. 하지만 인간 사용자들이 의도적으로 인공지능에게 거짓 정보를 만들어 퍼뜨리도록 지시한다면 어떻게 될까요?

가짜를 페이크fake라고 하죠. 너무너무 진짜 같은 가짜,

 미래에서 길을 잃지 않는 법

이른바 딥페이크Deep Fake 기술은 정말 위험해요. 진짜 이미지와 영상을 조합해서 가짜 정보를 만드는 겁니다. 미국의 도널드 트럼프 대통령은 2024년 선거 때 소셜미디어에 마치 팝 스타 테일러 스위프트가 자신을 지지한 것처럼 보이게 만든 가짜 이미지를 올렸습니다. 그런 거짓말을 했는데도 당선됐고요.

아이유가 부르지 않은 아이유 노래?

요즘은 유명 가수의 목소리를 딥페이크 기술로 복제해서 다른 노래를 부르게 하는 영상을 흔하게 볼 수 있어요. 예를 들어 아이유가 뉴진스의 노래를 부르거나, 이미 오래전에 세상을 떠난 영국 가수 프레디 머큐리가 역시 지금은 떠난 한국 가수 김광석의 노래를 부르는 식이죠. 가짜지만 정말 그럴듯해서 많은 사람들이 재미있게 감상할 수도 있어요.

하지만 가수 입장에서는 자신의 목소리가 무단으로 사용되는 문제가 생깁니다. 가수에게 목소리는 중요한 자산이고, 노래는 작사가와 작곡가가 만든 창작물이니까요. 인공지능 기술로 누구나 이런 콘텐츠를 만들어 퍼뜨리면 가수의 권리가 심각하게 침해될 수 있어요. 그래서 최근에는 여러 나라들이 '퍼블리시티권right of publicity'을 법적으로 보장하는 방향으로 움직이고 있습니다. 퍼블리시티권이란 초상(얼굴)이나 이름을 상업적으로 이용할 때 본인이 통제할 수 있게 하는 권리를 의미합니다.

또 다른 문제는 저작권이에요. 얼마 전 소셜미디어에서는 사용자가 올린 사진을 일본 애니메이션 회사 '스튜디오 지브리'의 그림 풍으로 바꾼 인공지능 이미지들이 유행했습니다. 스튜디오 지브리는 〈이웃집 토토로〉나 〈하울의 움직이는 성〉 같은 애니메이션들로 유명하죠.

이 회사를 만든 미야자키 하야오 감독은 인공지능은 물론이고, 컴퓨터 그래픽을 쓰는 것도 좋아하지 않았대요. 사람의 손길이 담긴, 한 장 한 장 손으로 그린 그림들에서 나오는 따뜻함을 높이 평가한 예술가였던 거죠. 그런데 지브리의 허락도 없이 '지브리 풍'으로 인공지능이 만든 그림

인공지능이 지브리 풍으로 만든 이미지. 인공지능은 데이터를 학습해서 결과물을 내기 때문에 누군가의 창작물을 무단으로 사용하고 권리를 침해할 수 있다.

들이 온 세상에 퍼졌으니…….

지브리나 미야자키 감독 입장에서는 저작권 문제뿐 아니라 감정적으로도 기분이 많이 상할 법하죠. 지브리의 어떤 작품에 나오는 그림이 아니라 '지브리 스타일'로 그린 것뿐이니 저작권을 주장하면서 소송을 걸기도 좀 애매하긴 합니다. 하지만 사실 모두가 알잖아요. 사실상 이 그림들이 지브리를 '베낀' 셈이라는 걸요. 그것도 의도적으로 말이죠.

인공지능은 엄청난 양의 데이터를 보면서 학습해요. 여기에 사용되는 데이터는 대부분 이미 누군가가 만든 창작물입니다. 꼭 예술 작품이 아니더라도 사람이 올린 글이나 언론이 작성한 기사까지, 글쓴이가 동의하지 않았거나 모르는 사이에 인공지능 학습에 활용되는 경우가 많습니다.

"세계에서 전기자동차가 가장 많은 나라가 어디인지 알아보고, 전기자동차의 보급 추이에 대해 글을 써줘." 이렇게 요구했더니 인공지능이 미국 『뉴욕타임스』, 한국의 『경향신문』 기사를 참고해서 글을 만들었다고 생각해보세요. 사람이라면 이런 대화가 오가겠죠. "그게 어디에 나온 정보야?", "응, 어제 올라온 ○○신문 온라인 기사에서 봤어." 조금 더 학술적인 내용이라면 "○○대 ○○○ 교수가 최근에 제출한 논문에 나온 내용이야." 인공지능은 그러지 않아요. 사람이 꼬치꼬치 캐묻지 않는다면, 여기저기서 '주워 모은' 정보들을 가지고 그럴싸하게 자기가 직접 설명하는 것처럼 답을 내놓기도 합니다.

『뉴욕타임스』는 2023년 오픈AI와 마이크로소프트를 상대로 저작권 침해 소송을 제기했습니다. "우리의 기사를 챗봇 훈련에 썼고, 그렇게 훈련시킨 인공지능이 이제는 우리와 경쟁하는 정보 제공자로 활용되고 있다"는 이유 때문이었어요. 인공지능과 저작권, 참 복잡하고 어려운 문제입니다.

또 다른 문제는 정치적으로 인공지능을 악용하는 겁니다. 댓글을 다는 AI, 가짜 뉴스 퍼뜨리기 등 어느새 선거 때마다 이런 것들이 문제로 거론되곤 합니다. 인공지능이 선거뿐 아니라 국제 분쟁에도 이용될 수 있어요. 다른 나라에 혼란을 줘서 피해를 입히기 위해 인공지능을 쓰거나, 심지어 '킬러 로봇', 즉 살상 무기를 만드는 데에 인공지능을 활용하기도 해요. 이미 세계 여기저기에서 벌어지고 있는 일입니다.

한국에서 특히 걱정되는 것은 성범죄에 악용하는 경우입니다. 여성 연예인들, 주변의 여성들, 심지어 미성년자인 여학생들의 사진을 가지고 음란물을 만든 '딥페이크 성착취'가 2024년에 엄청난 문제가 됐지요. 남성들, 특히 아직 10대인 미성년자들이 이런 범죄를 저지르고 있다는 사실이 사회에 충격을 던졌습니다.

'다가오는 파도'에 휩쓸리지 않으려면

인공지능 기술이 빠르게 발전하면서 많은 가능성이 열리고 있지만, 동시에 해결해야 할 윤리적 문제도 커지고 있어요. 게다가 앞으로는 정부의 결정에서도 인공지능이 점점 더 많은 역할을 하게 될 거예요. 왜냐고요? 정책을 만들기 위해 먼저 문제를 조사하고, 통계를 분석하고, 시민들의 여론을 듣습니다. 문제를 파악하는 과정에서 인공지능을 이용해 검색하고 자료를 조사한다면? 인공지능 프로그램을 이용해서 통계를 만들고 분석한다면? 시민들이 인공지능이 만들어낸 글들까지 참고해서 어떤 이슈나 정책에 대해 판단하고 있다면? 미래의 일이 아니라 이미 현실로 다가온 일들입니다. 그래서 그 영향을 깊이 고민해야 해요.

더 극단적인 상황을 상상해볼 수도 있죠. 전쟁에서 상대를 공격할지 말지를 인공지능이 결정한다면 어떨까요? 예를 들면 2021년 북아프리카의 리비아에서는 인공지능 드론이 '스스로' 폭격을 결정한 사건이 일어났습니다. 이는 유엔 안전보장이사회에도 보고됐어요. 정확히 말하면 공격을 가한 쪽에서 드론에게 상황을 판단하고 폭격을 결정할 수 있는 권한을 줬던 거예요. 인공지능 무기에게 '자율권'을 주지 않도록 국제사회의 암묵적 합의가 있었는데 말입니다.

알파고를 만든 회사인 딥마인드의 공동 창업자 무스타파 술레이만Mustafa Suleyman은 『더 커밍 웨이브The Coming Wave(다가오는 파도)』라는 저서에서 인공지능 혁명이 너무 빠른 속도로 진행되고 있으며, 예상보다 훨씬 강력한 영향을 미칠 것이라고 경고했어요. 하지만 사람들이 그 위험성을 논의하는 것은 불편하게 여기고, 특히 정보기술 업계에서 일하는 사람들은 경고의 목소리를 묵살하는 경향이 있다는 점도 함께 지적했습니다. 그는 기술의 발전 자체를 막을 필요는 없지만 그로 인한 부작용을 줄이기 위한 논의는 반드시 필요하다고 주장합니다.

결국 인공지능 시대의 핵심 고민은 다시 '사람'으로 돌아옵니다. 인공지능이 내놓은 결과물을 우리가 더 꼼꼼하게 검토하고, 알고리즘을 의심하는 능력을 길러야 합니다. 인공지능은 사람이 제시한 작동 원리, 즉 알고리즘에 따라 움직이니까요. 인공지능이 내놓은 결과물을 검증해야 하는 것도 결국 사람입니다.

“AI가 결정을 내릴 수는 있어도, 그 결정에 대한 도덕적 책임은 우리가 짊어져야 합니다. 알고리즘이 우리의 책임을 대신할 수는 없습니다.” 기술이 사회에 미치는 영향을 연구한 미국 학자 제이넵 투펙치Zeynep Tufekci의 말을 곱씹어 봤으면 합니다.

'교실 안 인공지능' 지원하는 마이크로소프트

"사람이 먼저다." 어디선가 들어본 적 있는 것 같죠? 그런데 이 말은 마이크로소프트 웹사이트에 올라온 글의 제목이기도 해요. 이 글에서는 "앞으로 우리가 해야 할 가장 중요한 일은 더 똑똑한 기계를 만드는 것뿐만 아니라, 이 기계들이 사람들이 잘 살 수 있도록 돕는 것"이라고 말하고 있어요.

마이크로소프트는 2025년 7월 '마이크로소프트 엘리베이트Microsoft Elevate'라는 새로운 계획을 발표했어요. 인공지능 기술이 더 안전하고 빠르게 우리 삶에 자리 잡을 수 있도록 앞으로 5년 동안 학교와 비영리 단체에 약 40억 달러, 우리 돈으로 약 5조 5000억 원이 넘는 자금과 인공지능 기술, 클라우드 기술을 지원할 예정이라고 해요. 특히 첫 2년 동안은 세계에서 2000만 명이 인공지능 기술 자격증을 딸 수 있도록 돕는 것이 목표라고 합니다.

마이크로소프트의 창업자인 빌 게이츠는 기부 활동으로도 아주 유명하고, 회사도 '박애주의(사람을 사랑하고 돕는 정신)'를 내세운 활동을 많이 해왔어요. 이번 '엘리베이트' 계획은 그동안 비영리 단체를 돕는 일을 해온 회사 내 '사회를 위한 기술Tech for Social Impact' 팀을 더 키워 통합한 것이라고 해요. 회사는 이 계획이 기업의 자선 활동과 '비상업적인 비즈니스 모델'의 새로운 시작을 보여줄 것이라고 말하고 있어요.

40억 달러라는 금액이 정말 커 보이지만, 사실 마이크로소프트가 매년 사회 공헌에 쓰는 돈이 수억 달러에 이른다는 점, 2024년 한 해에만 직원들이 모아 기부한 돈이 2억 달러가 넘었다는 점을 생각하면 아주 깜짝 놀랄 만한 액수는 아닐 수 있어요. 그런데도 이 계획이 크게 주목받는 이유는 바로 '교실 안 인공지능'이라는, 어찌 보면 지금 세상에서 가장 중요한 이슈일 수도 있는 문제에 직접 나서겠다고 했기 때문이에요.

 미래에서 길을 잃지 않는 법

인공지능이 교육에 미칠 영향, 아직 '논쟁 중'

마이크로소프트는 유치원부터 고등학교까지 미국 전역의 교사 40만 명을 대상으로 인공지능 교육을 할 거라고 해요. 이르면 2025년 가을에 뉴욕에서 온라인 학교인 '전국 인공지능 교육 아카데미'의 문을 엽니다. 마이크로소프트뿐 아니라 인공지능 회사인 오픈AI, 앤트로픽과 미국교사연맹AFT 같은 교사 단체들이 함께 운영할 예정이에요.

기업들은 교사들이 학습 현장에서 쉽게 인공지능을 활용할 수 있도록 안내하는 교육 프로그램을 제공할 예정입니다. 여기에는 기술 전문가와 교육자들이 참여하는 워크숍, 온라인 강의, 그리고 대면교육까지 모두 포함됩니다. 이 아카데미를 위해 마이크로소프트는 5년간 1250만 달러를, 오픈AI는 1000만 달러를, 앤트로픽은 500만 달러를 기부합니다. 200만 달러는 프로그램 이용권 같은 형태로 지원해요.

기업 입장에서는 선생님들로부터 자기네가 만든 인공지능 도구에 대한 의견을 들을 수 있고, 전국 학교와 학생들에게 서비스를 제공할 기회이므로 얻는 이득이 훨씬 크다고 볼 수 있어요. CNN 방송은 구글이 미국 학교들에 태블릿PC '크롬북'을 공급하면서 교실에서 가장 많이 쓰이는 기기가 된 것과 비슷하다고 평가하기도 했어요. 인공지능 분야에서 경쟁이 아주 치열한데, 미래의 소비자를 잡아두는 과정이 유치원에서부터 시작되는 것이라고 볼 수도 있죠.

기업들은 선생님들이 인공지능을 교육 과정에 쉽게 활용할 수 있도록 돕겠다고 하지만, 오픈AI의 챗GPT나 마이크로소프트의 코파일럿 같은 생성형 인공지능이 교육에 어떤 영향을 미칠지는 여전히 뜨거운 논쟁거리입니다. 학생이 인공지능을 이용해 공부하고 교사가 AI를 수업이나 숙제 평가에 사용하는 것이 과연 아이들의 지적인 성장에 도움을 줄지, 그리고 장기적으로 어떤 영향을 미칠지는 아직 아무도 정확히 알지 못해요.

예를 들어, 뉴욕에서는 시 교육청이 2023년에 학교에서 챗GPT 사용을 금지했다가 몇 달 만에 다시 허용하기도 했어요. 이는 교육계가 AI를 놓고 얼마나 혼란스러워하는지를 잘 보여주는 사례죠. 마이크로소프트는 이런 걱정에 대해, 컴퓨터가 처음 나왔을 때도 비슷한 걱정이 많았지만

 미래에서 길을 잃지 않는 법

결국 '위대한 혁신'을 가져왔다고 말하며 반박하고 있어요.

'사람을 위한 인공지능'과 기업의 책임

'엘리베이트' 계획에는 인공지능의 사회적 영향을 연구할 'AI 경제연구소'를 만드는 것도 들어 있습니다. 마이크로소프트는 웹사이트에 "우리는 사람을 대체하기 위해 기계를 만드는가, 아니면 사람들이 잘 살도록 돕기 위해 기계를 만드는가?", "인류를 뛰어넘는 인공지능을 만들려고 하는가, 아니면 인류를 더 나아지게 만들려고 하는가?" 같은 질문들을 던지며 인공지능에 대한 사람들의 불안과 공포를 직접 다루고 있어요.

마이크로소프트는 "사람을 최우선으로 생각하고 AI를 발전시킬 수 있다"고 믿으며, "인간의 노동을 빼앗는 것이 아니라 오히려 더 나은 방향으로 이끌어야 한다"고 강조해요. 자신들이 미국에서 가장 큰 노동조합인 미국노동총연맹-산업별조합회의AFL-CIO와 오랫동안 협력해왔으며, 이번 엘리베이트 계획도 AFL-CIO 산하의 미국교사연맹 등과 함께하면서 '노동과 기술의 동행'을 추구한다고 설명합니다.

'사람이 먼저다'를 내세우지만, 이 계획이 결국 '비즈니스 모델'의 한 부분이라는 점도 숨기지 않습니다. 사실 마이크로소프트는 이 계획을 준비하는 동안 약 900명의 직원을 해고했어요. 이는 인공지능이 노동력을 대규모로 대체한 가장 눈에 띄는 사례 중 하나였죠.

'디지털 격차', '디지털 문해력' 같은 말을 많이 들어봤을 겁니다. 첨단 기술이나 새로운 소통 방식이 가져온 혼란이 계속 생겨나고 있죠. 이제는 '인공지능 격차'가 사람들의 일자리와 삶을 나누는 시대가 되고 있고요. 인공지능 도구를 잘 다룰 줄 아는 사람과 모르는 사람은 앞으로 사회에 나가서 고를 수 있는 일자리의 종류와 범위가 엄청나게 차이가 날 거예요.

세계경제포럼WEF 보고서에 따르면 2030년까지 전 세계 노동 인구의 약 60퍼센트가 새로운 디지털 기술을 필요로 할 것으로 예상합니다. 하지만 유니세프가 추산하기로는 전 세계 젊은이의 75퍼센트는 아직 인공지능 경제에 필요한 기술을 가지고 있지 않다고 해요. 그러니 AI 교육은 정

 미래에서 길을 잃지 않는 법

말 중요하고, 그 사업으로 돈을 버는 기업들이 비용의 일부를 내는 것은 당연한 일일 겁니다.

하지만 기업들이 AI 보급과 교육에 앞장서는 모습을 보면서도 한편으로는 왠지 모르게 불편한 감정이 남기도 합니다. 기업의 활동은 환영할 만한 일입니다. 그렇지만 '인공지능 격차'를 줄이고 그 기술이 미칠 영향을 미리 고민해서 부작용을 줄이며, 기업들이 더 투명하게 운영되고 사람을 중요하게 생각하도록 만드는 건 결국 사회 전체가 함께 노력해야 할 일일 테니까요.

여러분은 마이크로소프트의 계획에 대해 어떻게 생각하세요? 장점과 한계를 함께 고민해봐요.

유엔 '인공지능 기구'가 뜬다?

인공지능 때문에 고민이 깊어지게 만드는 것 중의 하나가 가짜 뉴스, 특히 진짜와 너무 비슷해서 구분하기 힘든 딥페이크 같은 허위 정보라고 앞에서 설명했지요. 이런 정보들이 사회를 더더욱 분열시키고, 심지어는 정부를 흔들 수도 있습니다. 또한 인공지능은 다른 위험들도 가져올 수 있어요. 예를 들어, 보이스피싱이 AI를 이용해 더욱 정교해지고 있죠. AI가 사이버 공격에도 악용될 수 있고요. 그래서 세계 각국은 AI 기술을 올바르게 규제하고 사용하기 위한 정책을 고민하고 있습니다.

경제적으로 발전된 나라들의 모임인 경제개발협력기구OECD는 2019년 '인공지능에 관한 이사회 권고'를 발표했습니다. 유엔 전문 기구인 유네스코는 2021년 '인공지능 윤리 지침'을 만들었어요. 2022년에는 일본, 미국, 유럽연합EU 등이 인공지능과 관련된 국제적인 규범을 제정하기

 미래에서 길을 잃지 않는 법

위한 정책을 내놓았죠. 일본은 '주요 7개국G7' 정상회의에서 '히로시마 AI 프로세스'라는 이름으로 AI 규제 원칙과 행동강령을 발표했습니다.

2023년 12월 유럽연합은 AI 법안을 확정하면서 "사람과 기업의 안전을 위한 법"이라고 발표했습니다. 여기에는 '민감한 개인 정보'를 바탕으로 생체 인식 시스템을 활용하는 것을 금지하는 조항이 포함됐습니다. 예를 들어, 인공지능이 인터넷에서 무작위로 사람의 얼굴을 인식하고 사용하는 것은 금지됩니다. 다만 경찰을 비롯한 법 집행 기관들이 특정 범죄를 수사하기 위해 공공장소에서 생체 인식 시스템을 사용하는 것은 허용했어요.

법을 만드는 것보다 기술 발전이 빠르다?

그런데 문제는 법과 제도를 정비하는 속도보다 인공지능 기술이 발전하는 속도가 훨씬 빠르다는 겁니다. 유럽연합은 원래 그 전에 법안을 선포하려고 했는데, 2023년 6월에 GPT-4가 공개되면서 법안의 내용도 바꿔야 했어요.

특히 이 모델 이후로는 인공지능이 '사람처럼' 스스로 학습하고 특정 기능을 넘어 인간의 뇌처럼 진화하는, 그래서 결국엔 인간의 능력을 넘어설 수 있는 시점에까지 이르게 되는 '범용 인공지능Artificial General Intelligence, AGI' 단계에 생각보다 빨리 올라설 수 있을 거라는 관측이 커지고 있는 상황입니다. 알파고는 바둑만 둘 수 있고 로봇청소기는 청소만 하죠. 그런데 사람처럼 '정해진 용도'를 넘어서서 인공지능 스스로 배우고 판단한다면 어떻게 될까요? 그렇게 여기저기 사용될 수 있는 것을 '범용'이라고 표현해요.

인공지능은 사람과 다르게 엄청난 데이터를 엄청 빠르게 분석하고 엄청 빨리 계산해서 엄청 빨리 진화할 수 있어요. '사람과 똑같은' 상태, 혹은 서너 살 아이와 같은 지적인 수준만 돼도 순식간에 사람을 훌쩍 능가하는 능력을 가질 수 있다는 뜻입니다.

그래서 유럽 AI 법도 범용 인공지능 모델이 나오는 미래를 생각해서 새로운 규정을 만들었죠. 기업이 이런 법을 어기면 전 세계에서 번 돈의 최대 7퍼센트에 해당하는 벌금을 물게 돼요. 하지만 이 규제는 시행되기까지 시간이 걸려요. 그 사이에 새로운 기술이 등장할 가능성이 크죠. 아무

 미래에서 길을 잃지 않는 법

리 기술이 빠르게 변해도 민주주의에서는 여러 상황을 종합적으로 고려하고 다양한 사람의 목소리를 모아야 하기 때문에 관련 절차에 시간이 걸릴 수밖에 없습니다.

그렇다면 민주적 절차와 기술 혁신을 어떻게 조화시킬 수 있을까요? 인공지능 기술을 개발하는 사람들이 윤리적 기준을 지킨다면 더 안전한 AI가 만들어질 가능성이 큽니다. 하지만 여기에도 문제가 있습니다. 민주적인 시스템이 갖춰진 국가만 인공지능 기술을 개발하는 것이 아니기 때문이죠. 권위주의 국가가 첨단 기술을 시민을 감시하고 통제하는 데 사용한다면 큰 문제가 될 수도 있답니다. 뒤에서 다시 이야기하겠지만, 실제로 중국에서 여러 사람들이 우려하는 정도의 감시와 통제가 벌어지고 있다고 하지요.

또다른 논쟁도 계속되고 있어요. '인공지능 기술이 발전하는 속도를 늦출 것인가?' '기술자체의 문제가 아니고 '경쟁력'이 중요하니 혁신을 지원할 것인가?'하는 문제입니다. 인공지능 법안을 처음 구상한 사람들은 난민이나 사회적 혜택을 받는 사람들을 정부가 결정하는 과정에 인공지능이 영향을 미칠까 봐 걱정했어요. 실제로 네덜란드에서는 알고리즘이 난민 부모를 자녀와 강제로 떨어뜨리는 결정을 내린 사례가 있었거든요. 또 원격 학습을 하는 학생들 사이에서 인공지능 시스템이 피부색에 따라 차별을 한다는 문제도 제기됐어요.

이런 논의가 진행되던 중에 챗GPT가 등장하며 논쟁이 더욱 커졌어요. 사람들은 인공지능을 단순한 번역기 수준으로 생각했는데, 갑자기 범용 인공지능이 몇 년 안에 등장할 수도 있다는 뉴스가 쏟아졌기 때문입니다. 그래서 유럽은 법안을 새로 써야 했고 고용, 교육, 사회적 영향을 미칠 인공지능 모델에 대한 규제를 강화하는 쪽으로 간 것이지요.

기술에도 '민족주의'가?

미국은 유럽보다 인공지능 관련 법을 만드는 속도가 조금 느립니다. 2023년 10월 조 바이든 당시 미국 대통령은 '인공지능 행정명령'을 발표하면서 인공지능 개발과 사용이 안전하고 신뢰할 수 있도록 해야 한다는 여덟 가지 원칙을 제시했어요. '행정명령'은 의회가 제정한 '법'은 아니

 미래에서 길을 잃지 않는 법

지만, 법과 비슷한 효력을 갖는 대통령의 명령을 가리켜요.
이 원칙에는 인공지능이 보안과 안전을 보장해야 하고, 혁
신과 경쟁을 촉진하며, 시민의 자유를 보호해야 한다는 내
용이 들어 있어요.

G7 국가들도 2023년 10월 '자발적 행동강령'을 발표
했습니다. 이 강령은 인공지능 기술이 시장에 출시된 후에
발생하는 문제를 해결하기 위한 조치를 포함하고 있어요.
전체적인 분위기를 보면 유럽은 강력한 법으로 미리 위험
을 예방하는 방식을 택했습니다. 반면 미국과 일본은 기술
혁신과 경제 성장에 더 초점을 맞추는 것으로 해석됩니다.
특히 미국 의회는 인공지능의 규제를 고민하면서도 중국과
의 경쟁에서 어떻게 이길지를 많이 논의하죠.

인공지능은 이제 미래 산업을 둘러싼 국가들 간 경쟁
의 중심이 되었어요. 인공지능을 어떻게 규제할지, 한마디
로 '누가 규칙을 만들지'를 놓고도 경쟁이 시작됐습니다.
2023년 11월 영국은 세계 최초로 '인공지능 정상회의'를
개최했어요. 한국도 공동 주최국이었고, 2024년에는 한국
에서 회의가 열렸죠.

자기 국가에 유리하게 기술 발전을 이끌고 가려는 '기

술 민족주의', 인공지능 경쟁에서 앞서려는 '인공지능 민족주의' 시대가 오고 있다는 얘기들도 나옵니다. 그래서 이런 문제를 해결하기 위해 유엔도 인공지능 거버넌스를 논의하기 시작했어요. '거버넌스governance'는 보통 '통치'로 번역되지만, 국제 사회에서 이 말이 쓰일 때는 어떤 이슈나 기술과 관련해서 이용과 감시와 규제 모두를 포괄하는 전반적인 관리 체계를 의미할 때가 많아요.

2023년 7월 유엔 안전보장이사회는 인공지능을 군사적인 용도로 쓰는 문제를 논의했습니다. 같은 해 10월에는 유엔 인공지능 자문위원회가 구성됐어요. 유엔에서는 인공지능 기술이 국제법과 인권 기준을 따라야 한다는 원칙을 강조합니다.

인공지능 기술은 엄청난 가능성을 가졌지만 아울러 큰 위험을 동반하고 있어요. 테슬라 경영자 일론 머스크는 "미래에는 노동이 취미가 될 것"이라고 말했죠. 인공지능 로봇이 인간의 노동을 대신할 거라는 얘기예요. 하지만 그건 일하지 않고도 모두가 먹고살 수 있을 때의 얘기입니다. 현실에서는 인공지능 때문에 일자리를 잃을까 봐 걱정하는 사람이 많죠.

영국의 경제 전문 저널리스트 마틴 울프는 이렇게 말해요. "인공지능 혁명은 노동자들의 소득을 붕괴시키고 자본가들에게만 이득이 돌아갈 수도 있다. 최악의 경우, 인간은 철도와 자동차가 발명된 후 쓸모가 없어진 말처럼 경제적으로 무의미한 존재가 될 수도 있다."

인공지능이 가져올 미래는 아직 확실하지 않아요. 하지만 기술을 잘 활용하면서 위험을 최소화하는 방법을 고민해야 하는 것은 분명합니다.

5

'좋아요'는 세상을 어떻게 바꾸고 있나

2010년 북아프리카 튀니지에서 한 젊은 노점상이 자기 몸에 불을 붙였습니다. 모하메드 부아지지Mohamed Bouazizi 라는 26세 청년이었어요. 그는 대학을 졸업했음에도 일자리를 찾을 수 없었고, 생계를 위해 과일과 채소를 수레에 싣고 다니며 팔았습니다. 당국은 그가 허가를 받지 않은 채 장사를 한다며 위협했고, 수레를 빼앗길 위기에 처했습니다.

실랑이를 하던 과정에서 폭행을 당한 그는 수치심과 절망을 느꼈고, 자신의 몸에 불을 붙이기에 이르렀습니다. 이 사건이 튀니지 전체에 알려지자 시민들은 "빵을 달라"며 투쟁을 시작했습니다. 이들의 외침은 곧 25년 동안 장기 집권한 독재자 지네 엘 아비디네 벤 알리Zine El Abidine Ben Ali 대통령에게로 향했습니다. 배불리 먹고 일할 수 있게 해달라는 정당한 요구였지요.

하지만 독재 정권은 언론에 재갈을 물리기에 급급했습니다. 그런 상황에서 시민들은 어떻게 투쟁했을까요? 당

"벤 알리 아웃"이라는 구호가 적힌 플래카드를 들고 있는 시민. 2011년 튀니지에서 시작된 시민혁명은 한 청년이 분신하는 모습이 소셜미디어를 통해 알려지면서 시작되었다.

시 활동가들은 "소셜미디어가 절대적으로 중요했다"고 말합니다. 부아지지가 분신하기 석 달 전 다른 도시에서도 비슷한 사건이 있었으나 그 일은 묻혔다는 거예요. 차이가 있었다면 부아지지의 모습은 동영상으로 촬영됐고, 페이스북에 올라가 모두 다 봤다는 점이었습니다. 독재 정권은 결국 무너졌습니다.

2011년 '아랍의 봄'으로 알려진 시민혁명이 튀니지에서 시작해 바레인, 리비아, 이집트 등으로 번졌습니다. 이 과정에서 페이스북 같은 소셜미디어의 역할은 결코 작지 않았어요. 정부가 어떻게 시위대를 진압하는지 생생한 영상과 이미지가 소셜미디어에서 공유됐고, '며칠 몇 시에 어디서 집회를 한다'. '다쳐서 수혈이 필요한 사람들을 위해 혈액을 찾는다'는 메시지가 퍼져 나갔습니다. 인터넷마저 끊겼을 때 연락할 수 있는 국제 전화번호도 소셜미디어에 올라왔습니다.

페이스북은 "우리의 기술은 세계 사람들을 연결해 기회를 창출하고 수십억 명에게 목소리를 제공합니다"라는 모토를 내걸고 만들어졌습니다. 여러 나라 선거에서 가짜 뉴스가 퍼지는 온상이 되어 논란이 많긴 했지만, 페이스북의 저런 슬로건이 가장 선명하게 드러난 사례가 아마도 아랍 혁명이었을 겁니다.

인터넷에서 네트워크를 구축하고 생각과 의견을 나눌 수 있는 플랫폼을 소셜미디어라 부르죠. 한국에서는 '사회관계망서비스SNS'라는 표현이 많이 쓰이지만 세계적으로 널리 쓰이는 명칭은 소셜미디어랍니다.

그 전의 미디어는 신문이나 방송 같은 것들이었죠. 신

문사, 방송사가 전문적인 인력을 고용해 취재를 하고 기사나 방송 프로그램 같은 콘텐츠를 만들어서 대중들에게 전달하기 때문에 '매스미디어mass media', 즉 '대중 매체' 혹은 '다중 매체'라고 불렀어요. 매스미디어의 특징은, 만드는 사람이 특정 기관으로 정해져 있다는 거예요. 나머지 사람들은 거기서 전해주는 내용을 읽거나 들을 뿐이죠. 하지만 소셜미디어는 달라요. 모두가 콘텐츠를 만들고, 콘텐츠를 이용하고, 다른 이들이 만든 것에 의견을 낼 수 있죠.

대표적인 소셜미디어 가운데 하나인 페이스북은 2004년 처음 선을 보였습니다. 사용자는 하고픈 말이나 나누고 싶은 이미지와 영상을 마음껏 소셜미디어에 올릴 수 있고, 누구에게나 열린 이런 공간을 통해 특정 지역을 넘어 말 그대로 세계와 연결됩니다. 이런 연결성과 개방성이 때로는 아랍 혁명처럼 엄청난 변화를 만들어내는 데 도움이 되기도 합니다.

반면에 부정적인 정보나 가짜 뉴스 역시 빠른 속도로 퍼져 나가죠. 내가 누른 '좋아요'를 통해 내 정보가 그대로 노출되기도 합니다. 이처럼 빛과 그림자가 교차하는 속에서 우리는 숨 쉬듯 소셜미디어에 접속하고 있습니다.

 미래에서 길을 잃지 않는 법

세상을 움직이는 '좋아요'

2024년 세계 사람들은 하루 평균 143분 동안 소셜미디어를 사용했어요. 매일 하루에 두 시간 넘게 소셜미디어를 접하고 있었던 겁니다. 여러분은 어떤가요? 실제로 사람들 손에는 늘 스마트폰이 쥐어져 있습니다. 사람들은 유튜브, 인스타그램, 틱톡, X, 스레드 같은 소셜미디어들을 통해 세상을 보고 듣지요. 원하면 언제든 휴대폰을 켜고 어플리케이션(앱)을 터치한 뒤, 접속하지 않은 사이에 새로 올라온 피드feed를 확인할 수 있잖아요.

우리는 공감 가는 글이나 사진에 '좋아요'를 누르고, 다른 사람이 올린 콘텐츠에 댓글을 달아 내 의견을 표현하죠. 마음에 드는 피드는 공유하거나 저장해두기도 하고요. 소셜미디어에서는 시간과 공간의 제약이 없습니다. 멀리 이사한 친구, 여행에서 만난 외국인도 온라인으로 쉽게 연락할 수 있습니다. 요즘엔 번역기도 많고 심지어 자동 번역 기능도 있어서 언어 장벽도 많이 줄어들었어요.

강력한 연결의 장점은 위기의 순간 빛을 발합니다. 아

메타로 회사 이름을 바꾸기 전 페이스북 본사 건물 앞에 있었던 '좋아요' 간판. 페이스북을 비롯한 소셜미디어의 '좋아요'는 게시자의 인기를 상징하고, 더 많은 '좋아요'를 받을수록 더 많은 친구가 생긴다.

랍의 봄에서 그런 역할을 했고, 해시태그를 통해 퍼져 나간 다양한 시민운동이 그랬습니다. 재난 현장에서 잃어버린 가족을 찾을 때도, 위급한 환자를 살릴 혈액을 구할 때도 소셜미디어는 큰 힘을 발휘합니다. 코로나19로 세계가 멈추다시피 했을 때 많은 사람들은 서로 얼굴을 마주하지 않고도 소통을 하며 정보를 얻고 위로를 받았어요.

　페이스북 창립자 마크 저커버그는 2014년 "인터넷

연결은 인간으로서 당연한 권리"라고 주장했어요. 그는 "세계의 절반이 넘는 이들이 여전히 인터넷에 연결할 수 없다"며 "데이터 사용 가격을 낮추고, 데이터 사용을 줄일 수 있도록 앱의 효율성을 높이고, 새로운 사업 모델을 만들어서 인터넷 연결을 돕겠다"는 목표를 밝히기도 했죠. 저커버그는 "인터넷을 통해 세계를 하나로 연결하는 것이 우리 세대의 큰 과제 중 하나"라고도 했습니다.

수많은 이용자가 몰리고, 그들이 연결되면 될수록 페이스북의 영향력은 커져갔습니다. 사람들은 페이스북에 사진을 업로드했고, 생각과 의견을 적고, 취향을 드러냈죠. 생일이 언제인지, 어디서 점심을 먹었는지, 어떤 곳에 놀러 갔다 왔는지, 어떤 영화를 봤는지 등등 나와 관련된 사실이 자연스럽게 소셜미디어에 드러나는 겁니다. '나'를 보여주는 내용을 올리면 친구들이 '좋아요'를 누릅니다. '좋아요'는 곧 인기를 상징했고, 더 많은 '좋아요'를 받을수록 더 많은 친구가 생겨났습니다.

2012년 페이스북은 사진을 주로 올리는 소셜미디어인 인스타그램을 사들였고, 2년 뒤에는 메신저 프로그램인 왓츠앱을 인수했습니다. 페이스북의 월간 사용자MAU는

2024년 4월 기준으로 30억 6500만 명, 인스타그램과 왓츠앱이 각각 20억 명이래요. 세계 인구가 약 80억 명인 걸 생각하면 어마어마한 숫자입니다.

내 주의력을 먹고사는 비즈니스

여기서는 대표적인 소셜미디어인 페이스북의 현황만 소개했어요. 그런데 이용자들은 공짜로 소셜미디어를 쓰는데, 소셜미디어 회사들은 어떻게 돈을 벌까요? 답은 모두들 알고 계실 거예요. 바로 광고를 통해서입니다. 플랫폼에 모여든 사람들을 상대로 광고를 내보내기 위해 기업들, 가게들이 돈을 냅니다. 사용자가 늘어날수록 광고가 몰리고 소셜미디어 기업들은 돈을 법니다.

아울러 사용자가 늘어날수록 페이스북에 쌓이는 구체적이고 개인적인 정보도 늘어납니다. 누군가가 '좋아요'를 클릭하면 페이스북은 그 사람이 어떤 이슈에 관심을 갖고 있는지, 누구와 자주 소통하는지 자연스럽게 알게 되죠. 사용자의 성별, 나이, 국적과 고향, 출신 학교, 경력, 관심사, 취미, 취향, 좋아하는 음식과 음악 장르 등 일일이 적기 힘들 만큼 수많은 개인 정보가 페이스북에 차곡차곡 쌓이는 거예요.

온라인 쇼핑몰에서 가방을 검색했더니 페이스북에 가방 광고가 뜬다, 아마 모두들 이런 경험이 있을 거예요. 데이터를 통해 기업들은 더 많은 수익을 낼 수 있습니다. 아무에게나 내보이는 것보다는, 가방을 검색해본 사람이나 여행을 가기 위해 기차표를 산 사람에게 광고를 내보내는 게 효과적이죠.

요즘 인터넷과 소셜미디어를 사용하다 보면, 우리의 관심이 곧 돈이 되는 시대라는 걸 실감할 수 있어요. 이런 흐름을 가리켜 '관심 경제' 혹은 '주의력 경제'라고 해요. 옛날에는 거리에 포스터를 붙이거나 TV 광고를 내보내는 방식으로 사람들의 관심을 끌었지만, 이제는 온라인 공간에서 우리의 시선과 시간을 차지하려는 경쟁이 치열해졌어요.

소셜미디어 플랫폼을 무료로 이용하는 대신 우리는

광고를 보게 되고, 기업은 우리의 관심을 데이터로 바꿔 돈을 벌어요. 우리가 플랫폼을 사용하는 시간이 늘어나면 광고를 보는 횟수도 많아지죠. 결국 우리는 플랫폼 속에서 기업이 원하는 방식으로 움직이게 되고, 우리의 행동이 데이터로 저장되어 기업의 마케팅 전략에 활용돼요.

컬럼비아대학교 로스쿨의 팀 우Tim Wu 교수는 『주목하지 않을 권리The Attention Merchants』라는 책에서 이런 산업들이 사람이 살아가는 방식 자체를 근본적으로 바꿀 수 있다고 주장해요. 그는 사람들이 소셜미디어나 텔레비전에 너무 많은 시간을 소비하고 있고, 결국 각자의 목적에 도움이 되는 것보다 더 많은 광고를 접하고 있다고 지적했어요.

그럼 광고가 아니면 기업들이 무엇으로 돈을 벌 수 있느냐고요? 예를 들면 넷플릭스는 구독료를 받아서 돈을 벌지요. 돈 버는 방식은 기업들이 얼마든지 고민할 수 있어요. 사회에 해가 덜 되는 방향으로 계속 고민하도록, 기업들을 시민들과 정부가 감시해야 하는 거고요.

하지만 여러 기업들은 그보다는, 사용자들이 더 오래 해당 사이트에 머물도록 하기 위한 기능을 개발하는 데에 힘을 기울였습니다. 예를 들어 '좋아요' 버튼이나 '태그' 기

스마트폰을 보며 횡단보도를 건너를 사람들.

능은 사용자들이 더 많은 게시물을 클릭하고 더 오래 플랫폼을 이용하게 만들어요. 또 누군가 게시물을 올리거나 '좋아요'를 누르면 스마트폰 알림이 울리죠. 이런 시스템은 사람들을 점점 더 소셜미디어에 중독되게 만듭니다.

구글의 윤리 전문가였던 트리스탄 해리스Tristan Harris는 다큐멘터리 〈소셜 딜레마The Social Dilemma〉에서 소셜미디어의 알고리즘을 라스베이거스의 도박 기계인 슬롯머신과 비교했어요. 언제 어떤 콘텐츠가 뜰지 모르기 때문에 끊임없이 확인하게 만든다는 거죠. 그는 이런 시스템이 사람들의 무의식적인 습관을 조종하고 있다고 말해요.

우리는 스마트폰을 손에서 놓지 못하고 계속 새로운 피드를 확인합니다. 그런데 이건 단순한 개인의 습관일까요, 아니면 기업이 의도적으로 그렇게 설계해놓았기 때문일까요? 소셜미디어를 사용하면서 한 번쯤 고민해볼 문제예요.

페이스북은 왜 얼굴인식을 포기했을까

소셜미디어는 우리 일상에서 중요한 역할을 하지만, 때로는 이용자의 개인정보 보호 문제나 알고리즘에 대한 논란이 불거지기도 합니다.

2018년 미국 도널드 트럼프 대선 캠프가 2년 전 대선 때 페이스북을 통해 개인정보를 불법적으로 수집하고 이를 선거운동에 활용했다는 사실이 밝혀졌어요. 페이스북은 2014년부터 사용자의 '성격'을 분석하는 기능을 제공했는데, 이를 통해 5000만 명의 데이터가 유출된 것입니다. 이 데이터를 영국 데이터 분석 업체 '케임브리지 애널리티카 Cambridge Analytica'가 입수해 분석한 뒤 트럼프 캠프에 건넸다고 해요.

이 같은 사실을 페이스북 직원이 폭로했습니다. 이런 걸 '내부제보' 혹은 '내부고발'이라고 해요. 사정을 잘 아는, 어떤 기업이나 기관의 내부 사람이 자기네 조직의 심각한 잘못을 스스로 공개하는 거예요.

비판이 쏟아지자 저커버그는 "프라이버시(사적인 정보)를 더 중요하게 여기는 방향으로 바꾸겠다"고 발표했어요. 하지만 그 이후로도 크게 변한 것은 많지 않아 보입니다. 광고로 돈을 버는 것이 페이스북의 사업 구조인 이상, 이용자의 데이터를 상품처럼 만드는 일이 사라지지 않을 테니까요.

2021년 페이스북에서 또 다른 내부고발이 나왔습니다. 페이스북이 허위 정보를 막지 않는 것은 물론이고, 청소년에게 해롭다는 사실을 알면서도 그저 눈길을 끄는 것에 집중되도록 알고리즘을 설정해놓았다는 거였어요. 내용이 좋냐, 나쁘냐가 아니라 '어떻게 하면 많이 보게 하느냐'에

초점을 맞춰서 알고리즘을 만들어놓으면, 자극적이고 극단적인 콘텐츠들이 결국 유리해져요. 조회수가 곧 '노출', 즉 사람들의 접근을 결정하니까요. 바꿔 말하면 페이스북은 이용자가 앱에서 보내는 시간을 늘리기 위해서 청소년들의 정신 건강을 희생했다는 주장이었습니다.

이 고발에 따르면 페이스북의 자체적인 조사에서 '인스타그램 게시물이 10대 여성들이 자살을 많이 생각하게 만들고, 지나친 다이어트로 음식 먹는 걸 꺼려하는 '섭식 장애'를 더 심화시킬 수 있다'는 분석도 있었대요. 그런데도 페이스북은 '좋아요'가 많거나 댓글이 많이 달리는 콘텐츠가 더 잘 보이도록 알고리즘을 만들었어요. 그 결과 사람들이 점차 특정 정보에만 노출되는 경향이 심해졌어요.

이런 걸 '필터버블filter-bubble'이라고 합니다. 거품 안에 모여서 바깥사람들하고는 대화를 하지 않는, 그래서 자기 생각과 비슷한 얘기만 듣게 되는 걸 가리켜요. '끼리끼리 정보'라고 생각하면 될 듯합니다. 사람들이 특정 유형의 정보만 계속 접하면서 치우친 사고를 하게 될 가능성이 높아집니다. 연구에 따르면, 이런 상황에서는 점점 더 극단적인 의견 쪽으로 치닫기 쉽대요.

 미래에서 길을 잃지 않는 법

결국 미국 41개 주 정부가 "청소년 중독을 유발하는 알고리즘을 운영했다"며 페이스북과 인스타그램을 상대로 소송을 냈어요. 페이스북은 이때 신뢰를 많이 잃었고, 회사 이름을 '메타'로 바꿨죠. 또 그동안 운영하던 얼굴인식 기능을 없애겠다고 발표했습니다. 이 기능은 이용자가 올린 사진이나 영상에서 얼굴을 인식하는 기술이었는데, 이용자의 동의 없이 정보를 수집하고 활용한다는 비판을 받아왔었죠.

이 문제로 미국 일리노이주에서는 시민들이 단체로 소송을 냈고, 한국에서도 당국이 개인정보 수집을 문제 삼아 벌금 성격인 과징금을 부과했습니다. 페이스북은 얼굴 인식 기능을 없애면서 그동안 쌓아놓은 10억 명 이상의 얼굴 데이터도 삭제하겠다고 밝혔어요. 윤리를 걱정하는 직원의 내부고발, 그리고 소셜미디어의 신뢰를 높이기 위해 감시하고 비판하는 시민들의 요구, 이를 받아들인 정부 당국의 규제 조치가 이런 변화를 만든 겁니다.

이처럼 소셜미디어 플랫폼은 많은 사람들에게 편리한 서비스를 제공하지만 개인정보 보호 문제와 알고리즘의 위험성에 대한 논의가 계속되고 있어요. 앞으로 기술이 발전할수록 플랫폼 기업이 이용자의 프라이버시를 어떻게 보호

하고, 시민들에게 안전한 환경을 유지할지가 중요한 과제
가 될 것입니다.

소셜미디어 없이 살 수 있을까

페이스북이 프라이버시 문제로 곤란해졌던 사건을 앞
에서 설명했는데, 페이스북을 이 세상에 내놓을 때만 해도
저커버그는 "프라이버시의 시대는 끝났다"고 말했답니다.
또 "내가 2004년 하버드대 기숙사에서 페이스북을 시작했
을 때, '사람들이 왜 인터넷에 자기 정보를 공개하겠느냐'고
묻는 이들이 많았다. 5~6년이 지나자 사람들은 더 많은 정
보를 많은 사람들과 공유하게 됐다. 시간이 지나면서 사회
규범은 바뀐다"고도 했습니다.

맞는 말입니다. 그러고 보면 저커버그는 꽤나 통찰력
이 있었다고 해야겠네요. 똑똑한 사업가이고요. 그의 말대
로 사람들이 생각하는 '규범', 사회생활에서 지켜야 할 규칙

에 대한 사고방식은 시간이 흐르면서 바뀝니다. 저커버그가 말한 '프라이버시의 시대는 끝났다'는 견해가 창업 이래 페이스북의 기본 방향이었습니다.

그런데 여러 문제점과 부작용이 드러났으니 이제는 페이스북이 과거와 다른 선택을 할까요? 그렇게 믿는 사람은 많지 않은 듯합니다. 앞에서 설명했듯이, 수익의 대부분을 광고에 의존할 수밖에 없는 사업 구조 때문입니다. 방향을 바꾸기는커녕 페이스북은 덩치를 더욱 키웠습니다. 인스타그램과 왓츠앱을 사들이면서 소셜미디어 세계에서 자기네 몫을 더더욱 키웠죠. 소셜미디어는 우리의 삶을 편리하게 만들어주지만, 그만큼 부작용도 있어요.

미국에서는 연방 기관과 46개 주가 페이스북을 대상으로 반독점 소송을 제기한 적이 있어요. 한 기업이 그 분야 시장에서 너무 큰 비중을 차지하는 것을 '독점'이라고 하죠. 미국은 '독점' 문제에 아주 민감해요. 경쟁이 사라지고 한 회사가 시장을 독차지하면 결국 혁신이 안 되고 정체될 수밖에 없거든요. 그런 상황을 막기 위해 당국이 나서서 규제를 합니다. 심지어 제아무리 세계적인 기업일지라도 너무 큰 기업에는 "회사를 쪼개라"고 명령하기도 해요. 페이스북

캘리포니아 멘로파크에 있는 메타 본사. 페이스북은 인스타그램과 왓츠앱까지 사들이며 소셜미디어 세계에서 더욱 몸집을 불렸다. 이에 미국에서는 페이스북을 대상으로 반독점 소송을 제기하기도 했다.

이 그런 의심을 받을 정도로 커진 거예요.

비슷한 문제를 해결하기 위해 유럽은 어떤 접근법을 택했을까요? 유럽연합은 2022년 8월부터 디지털서비스법 Digital Services Act을 시행하고 있어요. 이 법에 따르면 페이스북, 인스타그램, X처럼 많은 사람이 사용하는 플랫폼은 유해한 콘텐츠가 퍼지지 않도록 해야 하고, 특정 사용자를 대상으로 한 맞춤 광고를 제한해야 해요. 또 기업들은 규제 기

 미래에서 길을 잃지 않는 법

관들이 일부 데이터를 들여다볼 수 있게 해야 합니다. 이를 어기면 엄청난 과징금이 부과되죠.

디지털서비스법이 시행되면서 플랫폼 기업들은 광고로 돈 버는 구조를 바꾸려고 노력하기 시작했습니다. 구독료 같은 방식으로 돈을 벌려는 움직임이 생겼어요. 특히 페이스북이나 구글 같은 '빅테크(거대 기술 기업)'은 "알고리즘은 영업 비밀"이라며 공개를 꺼려왔는데, 디지털서비스법은 일부 알고리즘을 투명하게 공개하도록 규정했어요. 기업이 어떤 원칙으로 이용자의 데이터를 분석하고 광고를 보여주는지 명확해지는 것이죠.

기업에는 혁신을 통해 돈을 버는 게 중요하지만, 사람들에게 해로운 짓을 해서 돈을 벌면 안 됩니다. 가장 기본적인 원칙이에요. 그런데 어떤 방식으로 사회에 해로운 영향을 주는지, 기업들 스스로 알면서도 정보를 감출 때가 많아요. 미국에서 담배 회사들이 해로운 영향을 숨겼다가 소송에 걸려 엄청난 배상금을 물고 규제를 받은 전례가 있어요. 그처럼 소셜미디어도 부작용을 줄이기 위해 보다 책임 있는 운영을 해야 한다는 의견이 많아요.

소셜미디어의 문제를 해결하는 방법은 단순히 사용을

끊는 것이 아니라, 플랫폼이 투명하고 책임감 있게 운영되
도록 하는 거예요. 기술이 계속 발전하는 시대에 맞춰 규제
와 제도가 어떻게 따라잡을지 고민해야 합니다. 소셜미디
어와 인간이 공존하는 방법을 찾는 것이 중요해요.

 미래에서 길을 잃지 않는 법

'센스타임'과 '중국판 『1984』'

걸그룹 르세라핌 멤버 김채원과 사쿠라가 개그맨 유재석이 진행하는 유튜브 프로그램에 출연한 적이 있어요. 르세라핌은 엔터테인먼트 회사 하이브에 소속돼 있죠.

일반 기업들은 직원들이 사원증을 목에 걸고 다니는 경우가 많아요. 사원증 안에 들어 있는 칩을 회사 건물에 설치된 '게이트'에 인식시켜서 출입을 합니다. 유재석은 아이돌들은 하이브 건물에 들어갈 때 어떻게 하느냐, 신분증 보여주고 들어가느냐고 물었어요. 그러자 두 가수는 "얼굴"이라고 대답했어요. 유재석은 유명인들이니 얼굴만 보고도 경비원이 알아보고 들여보내 줄 거라고 생각했던 모양이에요.

그런데 두 사람이 말한 것은 말 그대로 '얼굴'이 정보라는 뜻이었어요. 안면인식 기술, 얼굴만 보면 누구인지 알아내는 기술을 말합니다. 안면인식 센서를 이용해서 회사

탑승 수속이 편리하도록 안면인식 기술을 도입한 일본 하네다공항.

에 출입한다는 의미였죠. 안면인식 기술은 점점 더 우리 생활 깊숙이 들어오고 있어요. 이 기술을 사용하면 얼굴만 인식해서 물건을 결제할 수도 있고, 신분증 없이 공항에서 체크인할 수도 있어요. 하지만 이 기술이 편리함만을 가져다주는 것은 아니에요. '감시 사회'가 될 것이라는 우려도 함께 커지고 있답니다.

2018년 중국 장시성의 난창이라는 도시에서 홍콩 출신 배우 겸 가수 재키 청의 콘서트가 열렸어요. 수만 명이

모였고, 거기 몰려든 사람들 중에는 범죄자도 있었습니다. 그 자리에서 경찰이 범죄로 수배된 남성을 체포했어요. 그 많은 관객 속에서 어떻게 정확하게 용의자를 찾아냈을까요? 바로 안면인식 기술 덕분이었습니다. 경찰은 콘서트장 곳곳에 설치된 카메라를 이용해서, 거기 비친 관객들의 얼굴들을 범죄 용의자 데이터베이스와 비교했어요. 용의자의 얼굴이 카메라에 포착되자 경찰이 곧바로 체포한 거죠.

중국은 세계에서 가장 강력한 안면인식 시스템을 운영하는 나라 중 하나예요. 전국에 6억 대가 넘는 CCTV가 설치되어 있고, 경찰 수사뿐 아니라 공항, 기차역, 마트, 학교 같은 곳에서도 안면인식이 활용돼요. 신용카드나 체크카드 없이 얼굴만으로 결제하는 시스템도 등장했어요. 금융 회사에 비밀번호 대신 내 얼굴을 등록해두면, 내가 물건을 살 때 얼굴을 인식하고 내 계좌에서 돈이 빠져 나가는 거죠.

지문인식은 손가락의 지문을 가지고 사람을 확인하는 기술입니다. 중국에서는 '장문인식'이라는 것도 쓰인대요. 장掌은 손바닥을 뜻하는 한자입니다. 사람의 손바닥에는 저마다 다른 손금이 있죠. 기계에 손바닥을 스윽 대면 역시나 물건을 결제할 수 있다니, 놀라운 세상입니다. 중국의 기술 발전은 너무 빨라서 눈이 돌아갈 지경이에요.

이런 기술은 범죄자를 잡는 데 도움을 주지만, 감시의 도구가 될 수도 있어요. 특히 정부가 정치적 반대 세력이나 특정 민족을 감시하는 데 사용할 가능성이 있다는 점에서 걱정이 커지고 있습니다.

중국에는 세계적으로 유명한 안면인식 기술 기업이 많습니다. 대표적인 회사가 센스타임이에요. 인공지능을 활용한 얼굴인식 기술을 개발하는 기업인데 로봇, 금융, 자율주행 같은 다양한 산업에 기술을 제공하고 있어요. 메그비, 클라우드워크, 이투 같은 회사들도 안면인식 기술을 발전시키며 세계 시장에서 경쟁력을 갖추고 있는 중국 기업들입니다. 예를 들어 메그비가 개발한 소프트웨어는 중국 거대 온라인 상거래 회사인 알리바바의 얼굴인식 결제 시스템 '스마일 투 페이'의 기반이 되었어요.

카드를 가지고 다니지 않아도 된다면, 사원증이나 출입증이 필요 없어진다면 일상은 훨씬 편리해지겠죠. 하지만 그런 편리함을 누리기 위해 내 얼굴, 혹은 지문이나 손바닥 모양 등의 '생체 정보'를 은행 계좌 같은 금융 정보와 연

 미래에서 길을 잃지 않는 법

결해야 해요. 내가 어디에서 무엇을 샀는지, 내 얼굴이 담긴 CCTV 영상을 보고 누군가 알 수 있다고 생각해보세요. 이 기술을 국가 차원에서 사용한다면 어떨까요?

예를 들면 이런 거예요. 중국 정부는 개인의 행동을 점수로 바꾸는 '사회신용제도'를 운영하고 있어요. 은행에서 돈을 빌리려는 사람은 은행에서 '신용'을 평가받아요. 예전에 얼마를 빌리고 언제 다 갚았는지, 직장에서 얼마를 버는지, 빚은 얼마나 있는지 살펴보고 은행들이 평가를 하는 겁니다. 그런 것과 비슷하게 사회신용제도는 어떤 사람이 법을 어긴 적이 있는지, 자원봉사는 얼마나 했는지, 은행에 빚이 있는지, 이런 정보들을 모아서 점수를 매기는 거예요. 점수가 낮으면 취업할 때나 돈 거래를 할 때 불이익을 받겠죠? 심지어 비행기나 기차를 타는 것이 제한될 수도 있어요.

'사회를 더 안전하게 만들기 위한 것이다'라고 중국 당국은 주장해요. 하지만 정부가 원하지 않는 발언을 하는 사람들을 막기 위해 첨단 기술을 악용할 가능성이 높아요. 2019년 홍콩에서는 중국 중앙 정부에 맞서서 민주주의를 요구하는 거센 시위가 벌어졌어요. 당시 시위대는 정부가 안면인식 카메라로 추적해서 체포할까 봐 두건이나 헬멧으로 얼굴을 가렸어요. 페인트를 뿌려 CCTV를 가리고, 칩이 내장된 교통카드 대신 현금을 사용했어요.

중국 서부의 신장 지역에는 소수민족인 위구르족이 삽니다. 위구르족은 중국 정부가 차별한다며 항의해왔고, 어떤 이들은 독립운동을 하기도 했어요. 그래서 중국 정부는 위구르족을 감시하고 탄압합니다. 휴먼라이츠워치Human Rights Watch, HRW(국제인권감시단이라고 한다) 같은 국제 인권 단체들이 조사해보니, 위구르족은 얼굴과 홍채(눈), 혈액 정보까지 정부에 제출해야 한대요. 최근에는 중국 정부가 인공지능을 사용해 주민들의 '감정 상태'를 분석하는 카메라를 신장 지역에서 시범 운영했다는 보도도 있었어요.

영국 작가 조지 오웰George Orwell이 1949년 발표한 소설 『1984』는 감시 시스템으로 주민들의 생각과 행동을 하나하나 통제하는 미래 세상을 그렸습니다. 그런 감시 시스템, 감시하는 국가를 '빅브라더'라고 불렀어요. 안면인식 기술이 점점 발전하면서, 우리는 이 기술이 어디까지 사용될 수 있는지 고민해야 하는 상황이 됐습니다.

 미래에서 길을 잃지 않는 법

6

내 클릭이 그들의 돈이 된다고?

"모든 사용자가 구글 검색창에 '내일은 뭐할까?', '어떤 직업을 가질까?'와 같은 질문을 할 수 있게 하는 게 목표예요."[7]

2007년 에릭 슈미트Eric Schmidt 구글 최고경영자CEO는 한 기자회견에서 5년 후 구글이 어떤 모습일지 묻는 질문에 이렇게 말했습니다. 그로부터 17년이 지난 지금, 구글은 '현대의 신'으로 통합니다. 나보다 나를 더 잘 아는 존재가 됐다는 의미예요. 기업 전문가인 스콧 갤러웨이Scott Galloway 뉴욕대학교 교수는 "사람들은 역사의 어떤 존재보다 구글을 신뢰한다"고 말합니다.

구글은 '검색 엔진'으로 시작한 회사죠. 검색 서비스로 출발해 메일, 지도, 브라우저, 포토 등 다양한 서비스로 분야를 확대했죠. 지금은 세계 최대 동영상 플랫폼인 유튜브, 스마트폰 운영 체제인 안드로이드Android 사업까지 가히 '디지털 제국'을 건설한 세계 최대 정보기술 기업입니다. 전 세계 검색량의 80~90퍼센트를 구글이 차지하며, 가장 많은 데이터 센터를 보유하고 있습니다.

수많은 사용자가 인터넷에 접속해 엄청난 양의 정보와 지식을 구글에서 찾습니다. 구글은 정답을, 아니 정답까지는 아니더라도 꽤 객관적이고 정확한 정보를 찾아줄 것이라는 소비자들의 믿음이 큰 역할을 하겠지만, 구글이 사실상 검색 시장을 독점해왔기 때문이기도 합니다. 그뿐만이 아닙니다. 구글은 증강현실을 볼 수 있는 헤드셋 장치를 만들고, 자율주행차도 운행합니다. 인공지능을 전 세계에 알린 알파고도 구글 산하 회사의 작품이었죠.

그래서 구글Google이라는 말이 미국에서는 동사로 쓰이기도 합니다. 구글링googling이라는 단어를 '검색한다'는 뜻으로 쓰는 거예요. 앞으로 구글은 어디까지 진화할까요. 구글의 검색은 늘 올바를까요. 그들의 처음 모토는 '사악해지지 말자'는 것이었다는데, 지금까지 잘 지켜지고 있을까요.

시간을 30년 전으로 되돌려 봅시다. 1990년대 중반 인터넷이 대중적으로 보급되면서 사람들이 웹에서 정보를 찾기 시작했어요. 그 당시 라이코스, 알타비스타, 야후 같은 검색 엔진들이 등장했죠. 그중에서 특히 야후는 화려한 초기 화면과 디렉토리(목차) 형식의 검색 기능을 선보여서 큰 인기를 끌었어요.

야후가 빠르게 성장하던 1996년 미국 스탠퍼드대학교에 다니던 두 학생, 래리 페이지Larry Page와 세르게이 브린Sergey Brin은 '가장 중요한 정보를 먼저 검색할 수 있는 방법은 무엇일까?'를 고민하며 새로운 검색 엔진을 만들었어요. 이들은 '다른 웹사이트에서 많이 링크된 사이트일수록 중요한 내용을 담고 있을 것이다'라는 가설을 세우고, 웹사이트 링크와 클릭 횟수를 기준으로 점수를 매기는 알고리즘을 개발했죠. 이 알고리즘을 페이지랭크Pagerank라고 불렀고, 이것이 바로 구글의 시작이었어요.

구글의 방식은 사람들의 검색 패턴을 완전히 바꿔놓

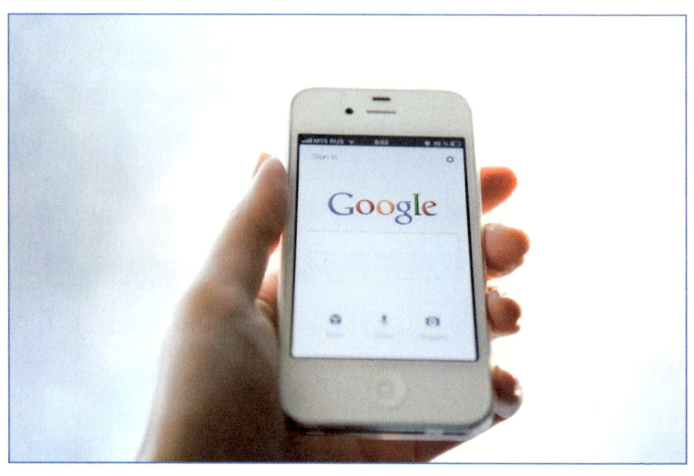

검색 입력창만 있는 구글의 첫 화면. 세계인 90퍼센트 이상이 구글로 검색하고 있으며, 이러한 검색 활동은 데이터로 저장돼 구글에 수익을 안겨준다.

왔어요. 첫 페이지에 들어가면 콘텐츠가 줄줄이 보이는 다른 검색 사이트들과 달리, 구글은 아주 단순한 디자인을 가지고 있었어요. 지금도 그렇지만, 검색 입력창만 있는 깔끔한 화면을 선보인 거죠. 정확한 검색에 방해가 되는 요소는 모두 없앤, 자신감 넘치는 디자인으로 볼 수도 있겠네요.

구글은 검색 시장에서 빠르게 성장했고, 2000년대 초반에는 야후를 넘어서며 경쟁자가 없을 정도로 강력한 위치에 오르게 됐습니다. 현재 구글을 방문하는 사람은 매달

842억 명, 세계 시장 점유율은 91.5퍼센트에 이르러요. 세계인 100명 중 90명은 구글로 검색을 하는 거예요. 한국에서는 점유율이 좀 낮지만요.

구글의 수익은 바로 이 강력한 검색 엔진에서 나옵니다. 사람들이 검색할 때마다 구글은 검색 활동을 데이터로 저장하고 분석합니다. 서울 ○○구에 사는 15세 이○○, 이렇게 개인정보를 구체적으로 꼭 확인할 필요도 없어요. 경주에 가는 기차표를 검색한 사람은 경주에 있는 숙소를 알아보더라, 그렇다면 기차표를 검색한 사람에게 그 목적지의 숙소 광고를 내보내주기만 하면 되겠죠. 이름과 얼굴과 나이와 성별을 몰라도, 검색하는 '행위' 자체가 정보가 되는 거예요. 빅데이터를 이용하면 또 다른 맞춤형 광고도 가능하죠. 금요일 오후 여섯 시에 광주에서는 맛집 검색이 많더라, 그러면 그 시간에는 식당 광고들을 많이 내보내는 식으로요.

이것이 구글에는 엄청난 자산이 됩니다. 어떤 사람이 껌을 검색하면, 껌을 판매하는 기업은 검색 결과에서 자기네 제품이 먼저 나오도록 구글에 광고비를 냅니다. 구글이 광고주들에게 인기 있는 이유는 단순히 검색을 하는 이가 많아서가 아니라, 이런 식으로 정확하게 누구에게 광고를 보여줄지를 정할 수 있기 때문이에요. 구글은 사용자가 지금 어디 있는지, 몇 시에 검색을 하는지, 어떤 언어를 쓰는지를 다 반영해서 맞춤형 검색 결과를 보여줘요.

앞서 페이스북을 설명하면서 얘기했듯이 사용자들의 검색 기록을 바탕으로 관련성이 높은 광고를 노출하는 방식도 사용합니다. 여행을 가기 위해 호텔을 검색한 적이 있는 사람에게 호텔 광고를 계속 보여주는 것이 구글과 호텔들 입장에서는 광고를 보여줄 대상을 좁히는 '최적화'라는 효과적인 과정이 됩니다. 하지만 이 과정에서 사용자의 동의를 받지 않고 정보를 수집했다가 거액의 과징금을 문 경우도 있었어요.

검색 엔진뿐 아니라 맵(지도)에서도 광고 수익을 올려요. 사람들이 호텔, 식당, 건물 등의 위치를 검색할 때 광고가 표시되는 방식이에요. 구글의 모회사 알파벳Alphabet Inc.이 공개한 보고서에 따르면, 2023년 구글의 전체 매출은 3073억 9400만 달러였고, 이 중 90퍼센트 가까이가 구글을 통해 발생했다고 해요. 검색이 그렇게 어마어마한 돈이 된 거예요!

 미래에서 길을 잃지 않는 법

경쟁자가 없는 회사?

　미국의 또 다른 유명 기업가 피터 틸Peter Thiel은 구글을 두고 "너무 뛰어나서 다른 회사들이 비슷한 제품조차 만들지 못하는 기업"이라고 평가한 적이 있어요. 하지만 단지 '너무 뛰어나서' 구글이 세계 검색 시장의 90퍼센트를 차지하게 됐을까요? 물론 구글이 그렇게 뛰어나서 성공했다 하더라도, 그렇게 검색 시장을 독차지하다시피 한 상황이 과연 바람직할까요?

　앞에서 '반독점' 문제를 언급했죠. 구글이 검색 시장에서 '절대적인 강자'가 되면서, 사실상 독점 기업이 된 것이 아니냐는 논란이 계속되어 왔어요. 2017년 유럽연합은 구글이 자기네 서비스를 검색 결과에서 상위에 올리고, 경쟁 업체의 서비스는 의도적으로 검색 결과에서 뒤쪽에 나오도록 한 혐의로 3조 원 규모의 과징금을 부과했어요. 요즘도 구글에서 검색을 하면 유튜브 동영상이 거의 맨 위에 나오잖아요. 자기네 서비스를 그런 식으로 먼저 노출하는 겁니다. 그러면 다른 동영상 플랫폼들보다, 유튜브가 방문자를 늘리기가 훨씬 쉬워지겠죠.

문제가 됐던 것은 인터넷 브라우저였어요. 인터넷을 연결하면 웹사이트를 보여주는, 인터넷을 쓰는 사람이 맨 먼저 지나야 하는 길목이 바로 브라우저잖아요. 마이크로소프트의 '윈도우' 프로그램으로 돌아가는 컴퓨터에는 예전엔 모두 마이크로소프트가 만든 브라우저를 비롯한 여러 프로그램들이 함께 깔렸어요. 서로 다른 상품인데 '끼워 팔기'를 하는 것은, 윈도우라는 운영 프로그램을 독점하고 있다는 강점을 이용해서 다른 경쟁자들의 힘을 빼는 짓이라는 지적이 나왔죠. 마이크로소프트는 위기를 맞았다가 미국 정부와 타협해서 엄청난 과징금을 물었습니다.

구글도 마이크로소프트처럼 소비자가 선택하지도 않은 프로그램을 슬쩍 끼워 넣어 팔려다가 유럽에서 소송이 걸렸어요. 무엇보다 시장에서 차지하는 비중이 너무 높아진 것 자체가 문제가 되기도 했어요. 그 하나의 예가 구글이 만든 브라우저인 '크롬'입니다.

전에는 마이크로소프트의 '인터넷 익스플로러' 브라우저를 미국 사람들이 많이 썼는데, 어느 순간부터 구글이 크롬 브라우저를 가지고 1위로 올라섰어요. 크롬은 빠르고 사용하기 편리한 브라우저로 자리 잡으며 미국 웹브라우저 시장 점유율의 절반 이상을 차지하게 됐어요. 2020년 미국 하원의 반독점소위원회는 보고서에서 "검색 시장에서 가장 강력한 기업은 구글이며, 크롬이 검색과 광고 시장의 핵심 관문 역할을 하고 있다"고 지적했습니다.

구글의 독점 논란은 계속되었고, 2024년 8월 미국 법원은 구글을 '독점기업monopolist'으로 명시하는 판결을 내렸습니다. 법원은 구글이 각종 스마트폰과 기기에서 구글 검색을 기본 검색 도구로 설정하도록 유도하고, 이 과정에서 스마트폰 제조사와 통신사에 금전적 이익을 준 걸로 봤어요.

사실 브라우저를 비롯한 프로그램들을 이용할 때, 처음부터 하나하나 다 비교해보고 성능이 좋은 걸 골라 쓰는 경우는 별로 없어요. 컴퓨터나 스마트폰에 깔려 있는 걸 일단 먼저 쓰고, 고르더라도 그 다음에 고르겠죠. 처음 몇 번을 써보다가 익숙해지면 다른 걸로 바꾸기도 쉽지 않고요.

미국 법원은 크롬 기능이 너무 좋아서가 아니라, 구글이 스마트폰 회사와 통신사에 사실상 돈을 주고 크롬이 1등이 되도록 불공정한 방법을 썼다고 판결한 겁니다. 구글은 "우수한 제품과 서비스로 시장에서 우위를 점하는 것은 당연하다"며 반박했습니다. 하지만 이 판결은 21세기 들어 처음으로 빅테크 기업의 독점 행위를 법적으로 인정한 사례로 평가받고 있어요.

검색은 내 '생각'을 바꿀 수 있을까

구글이 발표한 「구글이 발견한 10가지 진실」이라는 문서가 있어요. 그 '진실' 중 하나가 "인터넷은 민주적인 공간입니다"라는 것이었어요. 구글은 사람들이 웹사이트에 링크를 올리는 방식 덕분에 어떤 정보가 가치 있는지 잘 파악할 수 있다고 주장했습니다. 또 "구글은 정직한 방식으로 돈을 벌 수 있습니다"라는 항목에서는 "사용자들이 신뢰하는 만큼, 그 신뢰를 깨뜨리는 행동은 하지 않겠다"고 약속했어요.

하지만 지금도 구글이 이 원칙을 지키고 있을까요? 구

글이 사용자의 데이터를 활용하는 방식이나 여러 소송을 보면, 꼭 그렇게 보이지는 않습니다. 우리는 구글에서 많은 서비스를 무료로 이용하지만, 그 대신 구글은 우리가 검색하는 정보들을 수집하고 분석해 광고를 판매하고 있어요.

그러면 우리가 편리한 서비스를 받는 대신 개인 정보를 제공하는 것이 공정한 거래일까요? 구글이 광고를 통해 벌어들이는 수익이 정말 정직한 방식일까요? "공짜로 당신이 우리 서비스를 이용하게 해드리고, 그 대신에 우리는 당신이 남긴 정보들을 가지고 장사를 할게요. 그래도 되겠습니까?" 하고 우리에게 물어보지 않았잖아요.

하도 비판이 많아지니까 요새는 빅테크들이 사용자한테 "무엇 무엇에 동의하십니까?"라고 묻는 경우가 많아지긴 했어요. 하지만 그들이 어떤 방식으로 어떤 정보를 어떻게 이용해서 돈을 얼마나 버는지, 자세한 걸 우리는 모릅니다.

또 한 가지 고민해볼 점은 검색 결과를 정리하는 알고리즘이 과연 공정한가 하는 문제입니다. 구글은 '페이지랭크' 알고리즘을 사용해 검색 순서를 정한다고 설명해요. 보기에 공평한 방식처럼 보일 수도 있지만, 알고리즘이 완전히 객관적일까요? 만약 알고리즘 자체가 편향되어 있다면 어떨까요?

　앞에서 인공지능의 편견을 설명했는데, 검색에서도 그런 편견이 작용합니다. 2015년 발표된 한 연구에서는 구글이 남성 사용자에게는 고액 연봉을 받는 임원 채용 광고를 더 많이 보여주고, 여성 사용자에게는 이런 광고를 훨씬 적게 노출한 사실이 밝혀졌어요. 결국 검색 결과가 특정 집단에게 더 유리하게 작용할 수도 있다는 뜻이에요.

　또한 요즘은 많이 달라졌다고 하지만 구글에서 'CEO(최고경영자)'를 검색하면 백인 남성들의 이미지가 많이 나온다는 지적도 제기된 바 있습니다. 이는 알고리즘이 잘못된 것이 아니라, 사회적인 현실을 반영한 결과일 수도 있어요. 하지만 사람들이 이런 검색 결과를 보고 계속 클릭하면, 결국 알고리즘은 '백인 남자 사장님'이 당연하다는 식으로 사람들의 생각을 끌고 갈 수 있어요. 이렇게 작은 차이가 반복되면서 차별과 편견이 더 심해질 수도 있는 거죠. 검색 한 번을 하더라도, 이것저것 생각해볼 것들이 이렇게나 많답니다.

240억 리터의 물

2023년 7월 지구 반대편 남미에 있는 우루과이의 수도 몬테비데오에서는 시민 수만 명이 거리로 나와 "물을 달라!"며 시위를 벌였어요.

당시 몬테비데오는 기후변화로 74년 만에 최악의 가뭄을 겪고 있었어요. 수돗물 부족이 심각해지자 정부는 바닷물과 지하수를 섞어서 공급했어요. 하지만 시민들은 "물이 너무 짜다"며 불만을 터뜨렸어요. 그런데 이런 상황에서 구글이 우루과이에 데이터센터를 짓겠다고 발표하면서 논란이 더 커졌어요.

데이터센터는 인터넷에서 저장된 정보를 관리하고 처리하는 시설입니다. 그런데 이곳에서는 엄청난 열이 발생합니다. 설비를 식히는 데에 물을 쓰는데, 그걸 '냉각수'라고 부르죠. 구글이 공개한 환경 보고서에 따르면, 구글 데이터센터와 사무실을 통틀어 연간 약 240억 리터의 물을 사용한다고 해요. 골프장 43개를 운영할 수 있는 양입니다.

우루과이에 세워질 데이터센터는 하루에 5만 5000명이 사용하는 양의 물을 소비할 예정이었어요. 물이 모자라 힘든 우루과이 시민들에게 이 소식은 큰 충격이었고, 시위로 이어진 것이었답니다.

데이터센터는 전기도 엄청나게 잡아먹습니다. 디지털 기술이 발전하면서 우리는 종이나 잉크 같은 물건을 덜 사용하게 되었어요. 하지만 디지털화가 꼭 친환경적이라고 말하기는 어려워요. 데이터센터를 운영하는 데에는 엄청난 양의 전력과 물이 필요하기 때문입니다.

구글은 2017년부터 전기 사용량 전부를 재생에너지로 공급하고 있다고 발표했어요. 벨기에에 있는 데이터센터에는 배터리를 활용한 전력 시스템을 구축하고, 칠레에는 풍력 발전기를 설치하는 식으로 환경을 보호하기 위해 노력하고 있다고 합니다.

그럼에도 AI 기술이 발전하면서 데이터센터가 사용하는 물과 전력 소비량은 점점 더 늘고 있어요. 기후변화로 물 부족이 심각해지는 상황에서, 앞으로 데이터센터를 어디에 지을지를 두고 여러 나라에서 갈등이 생길 수도 있어요. 우

 미래에서 길을 잃지 않는 법

네덜란드 에임스하펜에 있는 구글 데이터센터. 건물 주위에 풍력 발전기가 있다.

루과이뿐만 아니라 스페인과 칠레에서도 데이터센터 건립을 놓고 물 문제로 시위가 벌어졌고, 한국에서도 데이터센터를 짓는 것에 반대하는 움직임이 있었어요.

이메일을 보내지 않거나 검색을 하지 않는 것은 현실적으로 불가능해요. 그렇다면 데이터센터의 부작용을 최소화하면서 문제를 해결하는 방법을 찾아야 합니다.

영국의 스타트업 딥그린은 데이터센터에서 나오는 열을 이용해 수영장 물을 데우거나 지역난방을 하는 기술을 개발했어요. 캐나다의 큐스케일이라는 회사는 데이터센터 근처에 온실을 짓고, 열을 끌어와 농작물을 키우는 방법을 연구하고 있어요. 또 어떤 기업들은 데이터센터를 아예 바닷속에 짓는 방식도 고려하고 있어요.

데이터센터와 관련된 논란을 보면, 우리가 편리함을 얻는 대신 어떤 비용과 대가를 치르고 있는지를 다시 한 번 생각하게 됩니다. 인공지능 기술이 더 빠르게 발전하면서, 우리는 앞으로도 클릭 한 번으로 이메일을 보내고, 검색하고, 동영상을 업로드할 거예요. 하지만 이런 편리함이 환경과 사회에 미치는 영향도 고민할 수 있었으면 합니다.

 미래에서 길을 잃지 않는 법

1. https://techgadgets.ai/top-personal-ai-robot-companions

2. 「Ameca: 'World's most advanced' humanoid robot ready to meet humans」, BBC, April 17, 2024. https://www.bbc.co.uk/newsround/68828288

3. Sarah Crespi·Jennifer Sills, 「Teaching robots to smile, and the effects of a rare mandolin on a scientist's career」, 『Science』, March 28, 2024. https://www.science.org/content/podcast/teaching-robots-smile-and-effects-rare-mandolin-scientist-s-career

4. https://www.youtube.com/watch?v=zVVnpkgXuLQ

5. Robert Atkinson, 「How Innovative Is China in the Robotics Industry?」, ITIF(Information Technology and Innovation Foundation), March 11, 2024. https://itif.org/publications/2024/03/11/how-innovative-is-china-in-the-robotics-industry/

6. '오픈AI', 「GPT-4 Technical Report」, March 27, 2023.

7. Caroline Daniel and Maija Palmer, 「Google's goal: to organise your daily life」, 『Financial Times』, May 23, 2007. https://www.ft.com/content/c3e49548-088e-11dc-b11e-000b5df10621

미래에서
길을 잃지
않는 법

초판 1쇄 2025년 7월 22일 찍음
초판 1쇄 2025년 8월 15일 펴냄

지은이 | 구정은·이지선
펴낸이 | 이태준

인쇄·제본 | 지경사문화

펴낸곳 | 북카라반
출판등록 | 제17-332호 2002년 10월 18일

주소 | (04037) 서울시 마포구 양화로7길 6-16 서교제일빌딩 3층
전화 | 02-486-0385
팩스 | 02-474-1413

ISBN 979-11-6005-156-8 44080
ISBN 979-11-6005-127-8 44080 (세트)
값 15,000원